資本主義終焉の実相

新時代への展望

松平直彦

同時代社

目次

はじめに

今日ほど、資本主義が傍若無人に振る舞っている時代は無い。資本主義の下で、人間が生きていけない状況が深刻になってきている。それにもかかわらず、資本主義の存続に疑問をもつことさえ難しい状況にある。これでは、多くのやむにやまれぬ闘いが孤立したものとして終わろうとも不思議ではない。

本書の目的は、この状況の克服にある。本書は、資本主義終焉の歴史的必然性を、今日的に明らかにしたものである。

なお本書は、私の四十余年間の理論的総決算でもある。そこで参考までに、また出版社の要請に応える意味もあり、これまでの私の闘いを以下紹介しておくことにする。

「大菩薩」そして釜ヶ崎へ

◉私は一九六七年に、ベトナム反戦を中心課題としていた当時の学生運動に参加した。その中で、共産主義運動に関わるようになる。

当時の学生運動を指導した諸党派は、体制に対する学生の怒りが噴出・爆発する水路を開くことにおいては、それを抑圧する思想・政治・組織から自己を解放していた。共産主義者同盟と私が属したその傘下の社会主義学生同盟は、その点で端的であった。

しかしその路線は、あれこれの要求や怒りを組織し集中し爆発させるため以上のものではなかった。したがってそれは、闘いの爆発を切り拓き進撃する際にはよいが、流れの変わり目に逢着し、後退の流れも生まれる局面に至ると対処不能に陥る代物だった。

われわれは、一九六八年秋から六九年にかけての間、そうした微妙な局面に入り込んでいった。われわれは、政治の流れの変化を警察機動隊との街頭での力関係の変化として感じ取り、苛立ちを強めていた。火炎瓶への踏み込みも、その現れだった。その中で、角材と投石・火炎瓶による闘争は限界に逢着したとして、本格的な武装によるもう一段の爆発を切り拓く方針を主張する傾向（赤軍派）が共産主義者同盟の中で台頭していく。その結果共産主義者同盟は、これに躊躇する傾向も広がる中で内部対立を拡大し、その中間にあって組織を維持しようとする傾向も浮上し、三分解していった。

私は赤軍派に参加した。共産主義者同盟の路線的特徴からするならば、自然の流れだった。しかし、主要な基盤としてきた学生層からさえも政治的に浮き上がる武装闘争へ踏み出したのであった。学生層は、その闘争力をほぼ展開し尽していた。このため赤軍派は、組織も消滅する破産の道を転げ落ちていったのである。その道の冒頭にあったのが、首相官邸占拠の為に大菩薩峠に結集して一網打尽にされた一九六九年一一月の事件である。私はその責任者であった。

この敗北から引き出した教訓の核心は、体制との闘いにおいて、政治を第一としなければならないということであった。そして赤軍派の路線はもちろん、その土壌となった共産主義者同盟の路線からも転換することにした。その結論に到達するまで約二年を要した。そして連合赤軍事件の報道に接して路線転換への確信を強め、一九七二年初夏に保釈出獄した。

◉赤軍派の路線を気分的に引きずる部分との路線論争に一定けじめを付けた後、一九七三年初夏、私は釜ヶ崎に行くことになる。

当時の釜ヶ崎は、高度経済成長を支える建設産業ための日雇労働者の供給基地、相対的過剰人口の貯水池として政策的に作られていた。そこに手配師・人夫出しが群がり、そうした領域を含めて暴力団が幅を利かせていた。私が釜ヶ崎に入った当時の運動は、暴力手配師追放釜ヶ崎共闘会議を中心とした労働者の闘いが暴力手配師との力関係の転換を勝ち取るも、大衆的高揚が引潮に転ずる徴候が現れ、強まる警察の弾圧に苛立ちをつのらせていた。少なからぬ活動家が自己の焦燥を警察へのテロの主張で表現しながら、方針喪失に陥りはじめていた。私にとっては既視感のある場面であった。活動家の多くは、総括の時代と称して引き籠り気味になっていった。

一九七三年秋になると、釜ヶ崎は石油ショックの大波に襲われる。過剰生産の顕在化によって、釜ヶ崎の日雇労働者は一気に失業の淵に投げ込まれた。まさにそれは、資本の増殖欲求の変動に応じて動員され使い捨てにされる相対的過剰人口の姿だった。釜ヶ崎労働者の主要な要求が、労働条件の改善から「仕事よこせ」に転換する。私は数人の仲間とともに、大阪市・府を相手とする「仕事よこせ」闘争を組織した。大阪市・府内の冬季の臨時宿泊所で大衆団交を実現し、二〇〇〇名のデモを展開するまでに至り、宿泊人数の拡大と宿泊期間の延長を勝ち取るなどした。

私は、こうした釜ヶ崎での闘いの中で、赤軍派の破産から得た教訓を早々に活かすことができた。それは私にとって、拘置所での赤軍派破産の総括作業と合わせて、共産主義運動の立て直しへの第一歩となったのである。なお私は一九八〇年初夏から四年間、大菩薩や釜ヶ崎の件で刑務所生活をおくることになる。

◉ただ当時は、今日の地平から振り返るならば、一九七〇年代初頭にはじまる世界史的変化を捉えていなかった限界を有していた。マルクス主義の世界観が世の中からずれ始めていたことに、まだ無自覚だったのである。

一九七〇年代初頭頃から、世界史的な変化が始まった。人間（人と人、人と自然の関係性）の豊かさを実現する新たな時代への契機が形成され始めていたのである。それは、日本でも公害問題や差別問題などの浮上として現れていた。しかし当時の私は、それら諸問題を基本的に政治問題に切り縮めていたのだった。

もっとも日本の社会が本格的に変化する相貌を現すのは、まだ先のことだった。それは、一九九〇年代初頭のバブルの崩壊を待たねばならなかった。

マルクス主義の現代的発展を目指して

◉一九九〇年代初頭からの二〇年間、私の主要な関心は、革命理論の再構築に向けられた。それは、従来の革命観を根本的に揺るがす事態が、次々と表出してきたからであった。

その最初の事件は、ソ連の崩壊であった。それは、一九一七年のロシア十月革命に始まる世界的規模の共産主義革命の一サイクルが終焉したことを告げた。

それにもまして大きかったのは、日本社会の変容であった。それは、七〇年代の初頭にはじまる世界史的変化の日本への波及としてあった。

機械制大工業の発展時代が終わる。大都市の基底に固定的な失業層が形成され、非正規労働者が増大し、豊かさの中の貧困が社会問題化する。そうした階層の闘いが発展する。社会の崩壊が様々な事件となって顕在化する。NPO、協同組合、社会的企業など資本主義とは異なる社会システムが拡大し、地域社会再建の重要な要素に浮上する。環境保護が、実践的課題となって社会の隅々に浸透する。物質的豊かさへの欲求が後景化し、人間(関係性)の豊かさへの欲求が前面化する。

それらは、資本の自己増殖運動に牽引された機械制大工業の発展が、労働者階級の数と結束と反抗を拡大させ、資本の支配の終わりをもたらすというマルクス主義の従来の革命観の再検討を求めずにはおかないものだった。それらは、実践の在り方の転換を迫るものだった。

◉もちろん、運動の現実的転換は進行した。社会(人々)がそれを必要としたからに他ならない。しかし、体系的な理論とそれに立脚した共同の政治を欠いていたため、転換は中途半端であったし、足並みの乱れを拡大した。

その間、社会の崩壊は容赦なく進行した。労働者民衆は、相互信頼や連帯を希薄化・皮相化させ、絶望を深め、支配階級のあれこれの「改革」の旗に振り回されるようになっていった。労働者民衆は、自己の運命をみずからの手に取り戻すために、自己の政治勢力の形成を必要としている。この必要に応えるためにも、理論の再構築が問われてきたのである。

◉一九七〇年代初頭から既に約四〇年、一九九〇年代初頭から数えても約二〇年である。理論の再構築が立ち遅れてきた最大の原因は、この日本において、世界史的変化をトータルに捉える理論提起が為されてこなかったことにあるのではなかろうか。あるいはそうした提起がなされても、議論を呼び起こさなかったからかもしれない。ともあれ、この状況の打開が必要である。そこで、私自身の理論作業の成果を提起してみることにした。

本書のポイントは、次の点にある。

第一は、資本主義の時代の結語として、「人間の時代への三つの契機」の形成を抽出したことである。「産業の成熟」「地球環境限界への逢着」「人間（関係性）の豊かさへの欲求の高まり」である。

第二は、資本主義が、自己の創りだした「人間の時代への三つの契機」と適合できないため、「社会の崩壊」と「国家の機能不全」をもたらしているメカニズムを明らかにしたことである。

第三は、労働者民衆が、生存の必要に迫られて、また「人間の時代への三つの契機」に導かれて、真の人類史への道を切り拓かずにはおかないと結論したことである。

新たな闘いへ

◉二〇一二年に至って、ようやく出版にこぎつけることができた。

私に、この二〇年の理論作業の完了を急がせたのは、東日本大震災・福島第一原発事故を契機にこれからの社会の在り方をめぐる議論が前面に出てきたこと、〇八年巨大バブル崩壊のツケを労働者民衆に押しつける資本攻勢とそれに対する労働者民衆の生存をかけた抵抗の拡大が、「ギリシャ」を皮切りに始まったことである。事態が、戦略的な勝利の必然性に関する理論の必要を超えて、総反撃のネットワークを創る局面へ移行しだしたからである。

理論作業は一区切りになる。

原稿を書くというのは、辛気臭い作業であった。奥州出のDNAが共振したのか、昨年の夏にささやかであったが瓦礫処理のボランティアにいった。久々の力仕事で、思い切り汗をかくことができ、現地から「気」をもらった。同時代社の川上徹さんが出版を勧めてくれ、背中を押してくれなければ、まだズルズル延びていただろうと思う。

第一章　「人間の時代」への三つの契機

［1］産業の成熟

人間は誰でも、自己を含む世界・時代を多かれ少なかれ理論的に把握し、その上に立って自己の態度を定めて日々行為する。そして、実践の結果から教訓を引き出し、理論を再構成して新たな実践の過程にはいっていく、この繰り返しの中で生きている。

しかし、世界・時代をそれなりに正しく理論的に把握するということは、簡単なことではない。とりわけ、一九～二〇世紀の革命実践の一サイクルが敗北をもって終息し、唯物史観の再構成が問われている今日の状況において、また巨大投機マネーと多国籍企業の利益に奉仕する理論が洪水のごとく人々の脳髄の中に押し寄せている状況の中では、尚更であるだろう。とはいえ、いかに困難であろうとも今日の思想状況を克服していかねばならない。生き方における確信は、世界・時代についてのそれなりに正しい把握から導き出されるのだから。

この世界・時代を把握する際に、理論展開の端緒を何に定めるかということは、極めて重要な課題である。私はこれを、「産業の成熟」に定める。私が「産業の成熟」を理論展開の端緒に定めるのは、それが資本主義の時代の結語だからであり、その最初に位置するものだからである。

①資本主義と機械制大工業

資本は、機械制大工業に立脚することによって労働者に対する専制支配を確立し、機械制大工業の急速な発展を導いた。マルクスは、「機械」について次のように分析している。

「すべての発達した機械は本質的に相異なる三つの部分から成り立つ、－発動機、伝力機構、最後に道具機または作業機がそれである。……機械中のこの部分－道具機－こそは、一八世紀の産業革命の出発点である」「道具機とは、適当な運動を伝達されるとそれに属する道具をもって、かつては労働者が類似の道具をもって行ったのと同じ作業を行うような、一機構である。動力が人間から出るか、それ自身がさらに一機構から出ているかということは、事態の本質を何ら変化させない。本来的な道具が人間の手から一機構に移されると、単なる道具の代わりに機械が現れる」「同じ道具機によって同時に運転される道具の総数は、そもそもから、一労働者の手道具を狭小なものたらしめる器官的制限から解放されている」「まず道具が、人体用の道具から機械装置用の道具すなわち道具機に転化した後、いまや発動機もまた、自立的な・人間力の諸制限から完全に解放された・形態を受け取った。かようにして、これまで考察した個々の道具機は、機械的生産の単なる一要素に低下する。今や、一個の発動機が多数の作業機を同時に運転することができた。同時に運転される作業機の総数が増加するにつれて、発動機は強大となり、また、伝力機構は発達して広大な装置となる」「本来的な機械体系は、種類を異にするが相互に補足しあう諸道具機によって遂行される相異なる段階的諸過程の相関連する一系列を労働対象が通過する場合にはじめて、個々の自立的な機械にとってかわる。マニュファクチュアでは、特殊的諸過程の孤立化が分業そのものによって与えられた一原則だとすれば、発達した工場ではその反対に、特殊的諸過程の連続が支配的である」「一産業部面における生産様式の変革は他の産業部面における生産様式の変革を条件づける。……工業および農業上の生産様式における革命は、殊にまた、社会的生産過程の一般的諸条件すなわち交通＝および運輸手段の革命を必要ならしめた」「かくして大工業は、その特徴的生産手段たる機械そのものを征服し、そして機械によって機械を生産せねばならなかった。そこではじめて大工業はその適当な技術的基盤を創造し、自分自身の足で立ったのである」（『資本論』長谷部文雄訳、青木書店、第一部六一二〜六二八頁）

つづいてマルクスは、資本が機械の導入をテコに、女性および児童をも資本の搾取過程へと大規模に引き入れること、労働時間を無制限に延長しようとすること、そして労働時間の法的制限の下で労働の密度をおどろくほど高めるということを指摘した後、機械制大工業が労働のあり方にもたらす転換の基本的特徴を明らかにする。

「マニュファクチュアおよび手工業では労働者が道具を自己に奉仕させ、工場では労働者が機械に奉仕する。かしこでは労働手段の運動が労働者から起こり、ここではその運動に労働者が追随せねばならない。マニュファクチュアでは、労働者が生きた一機構の手足をなす。工場では死んだ一機構が労働者たちから独立して実存するのであり、労働者たちは生きた付属物としてこの機構に合体される。……労働過程であるばかりでなく同時に資本の増殖過程たる限りでのすべての資本制的生産にとっては、労働者が労働条件を使用するのではなく逆に労働条件が労働者を使用するということが共通しているが、しかしこの転倒は、機械を待って初めて技術的・感覚的な現実性を受け取る。……生産過程の精神的力能が手労働から分離すること、および、この力能が労働に対する資本の権力に転化するということは、すでに以前に示唆したように、機械を基礎として建てあげられた大工業において完成される」（同上六八四〜五頁）

労働者は、「精神的力能」を奪われ、機械の「生きた付属物」に転落する。労働は、ますます分割され、ますます無内容となり、労働者は機械にとって代えられていく。それと共に、生産の管理や技術の開発という「精神的力能」は資本の力能となる。その結果が、官僚機構と研究開発部門の肥大化であった。

機械制大工業の発達は、官僚機構の巨大化を必要とする。そして官僚機構という人間のピラミッドは、情報の集中と中央指令の伝達の熟達によって機能し、その構成員が長年かけて蓄積する管理情報と管理技術に依存する。したがってそれはいわば熟練部門であり、他の人々によって容易く「交代」できるものではなかった。

この技術的基盤の上では、管理する人々とこの人々に指揮され労働する大多数の人々への社会の分裂はまだ廃止できないし、ますます拡大するということである。当然、階級対立の非和解性の産物である国家は必要とされるし、国家官僚達も政治支配機能の担い手として基本的に固定化される。それは、労働者大衆が政治権力を樹立したとしても同じである。この技術的基盤の上では、労働者大衆の権力は長続きせず、官僚ブルジョアジーが権力を簒奪せずにはおかない。二〇世紀の経験は、そのことを示している。

まさに機械制大工業は、資本の労働者に対する専制支配を保障する基盤だったのである。

マルクスは、機械をその「資本制的充用」から区別し、社会革命の物質的基礎としてその利用形態を考察している。すなわち機械制大工業が、労働時間の大幅な短縮を可能ならしめ、かつ、職人的複雑労働を簡単な労働に置き換えることによって、分業に隷属することのない自由な発展への道を開くことなど、いくつかの重要な指摘をしている。しかし機械制大工業について、精神労働と筋肉労働の分業の廃止という社会革命の中心課題を達成する物質的条件として解明することはできていないし、なしえることではなかったのである。

またマルクスは、資本主義の下での機械制大工業の発展が、一方における資本の集積・集中による資本独占の発展と、他方における労働者階級の数と結束と反抗の増大をもたらし、労働者階級の革命を導くとしていた。

しかしマルクス自身が語っているように、機械制大工業は、労働から精神的機能を分離する。つまりそれは、労働から管理機能および研究・開発機能を分離し、筋肉労働を指揮・統制する特殊な機構を発達させるのである。精神労働と筋肉労働の対立が形成され、拡大する。こうした中では、たとえ生産の労働者管理を実現したとしても、この現実の矛盾を止揚することはできないし、この現実の矛盾が自己を貫徹せずにはいない。この時代に実現された労働者管理は、変質するか、転覆されることになったのである。

機械制大工業の発達は、ほぼ二百年の間に、消費財生産部門の機械化（軽工業）、生産手段生産部門の機械化（重化学工業）、労働力再生産部門（生活領域）の機械化（耐久消費財産業）を実現し、先進諸国社会の全ての経済領域を機械化する。市場が飽和する。機械制大工業の発達の時代の終わりが到来するのである。それは、まずアメリカにおいて現出した。一九七〇年代初めの金・ドル交換停止と変動相場制への移行は、その告白であった。

アメリカ資本は、機械制大工業領域の全般的な過剰生産という事態に直面し、貨幣資本過剰時代に突入する。この過剰貨幣資本が、一方で情報・通信技術の革新、コンピューター・ネットワークのグローバルな構築へと向かいつつ、他方でその大きな部分が投機マネーとしてのマネーゲームの世界を膨張させ出すのである。欧州や日本の資本は、一周遅れ、二周遅れでアメリカの後を追うことになる。

資本のこの新たな動向は、「脱工業社会」「ポスト工業社会」といった社会状況を生み出す。機械制大工業の時代の終わりが、意識されるようになっていくのである。問題は、どのような時代に入っていったのか、である。以下、その分析に入っていく。

②コンピューター・ネットワークの発達

消費財生産部門、生産手段生産（含・運輸）部門、労働力再生産部門など社会の活動領域は、一通り機械化された。機械制大工業は、世界経済の先端部分においてすでに成熟段階に到達しており、周辺へと拡張する局面に入っている。

そして今や、コンピューター・ネットワークが発達し、社会のすべての活動を国境も越えて相互に直接連携させつつある。

機械の本質が、人間の筋肉労働を代替する装置であり、道具を使って作業を行う装置だという点にあるとするなら、コンピューターの本質は、人間の精神労働を代替する装置だという点にある。コンピューター・ネットワークの本質は、コンピューターのそれと同一である。現代は、労働手段の発達という視点から見れば、筋肉労働を代替する装置の発達が基本的に終焉し、精神労働を代替する装置の発達する時代になっているのである。

コンピューターは、第二次帝国主義世界大戦の渦中で、原子爆弾の研究開発の手段として誕生した。この段階では単なる計算機であり、そのレベルで事務機器としても発達していった。

今日では、単なる計算機としてもコンピューターは、その性能を飛躍的に高め様々な領域で使われるようになっている。宇宙の生成・発展のような実験による証明が不可能な運動のシュミレーション、全てのデザインや条件で実験したのでは多大な時間と資金がかかる飛行機設計の際の流体力学試験や自動車設計の際の衝突耐性試験などのシュミレーション、そして身近なところで企業や個人の会計などに使われている。

コンピューターは、デジタル信号が一般的な文字形態や映像形態や音声形態で出力されるだけでは、単なる計算機としてのコンピューターの利用という範疇を越えるものではない。しかし、デジタル情報と文字・映像・音声情報の相互変換の容易化は、単なる計算機としてのコンピューターのコンピューター・ネットワークへの発展をもたらした。

コンピューター・ネットワークの技術的特性は、次の三点において見ておかねばならない。第一は、装置の物質的側面の比重が小さく、中味をなす情報的側面が基幹をなす装置だという点。第二は、機械の作業を制御する装置だという点。第三は、生産・流通・消費・廃棄等の経済活動をはじめとした社会活動全体をネットワーク化する装置だという点である。

(i)情報的側面が基幹

このことは、人間の脳を思い浮かべてもらえば、特に説明を要しないだろう。物質としての脳は、それだけでは、意味を成さない。その中味としての知覚・記憶・知識やそれらの再編成、構想づくり、作業指令などが重要だということである。

しかも、機械制大工業が基本的に発達し切った地平においては、この装置の物質的側面の整備にかかる比重は、相対的に一層軽い。この装置の情報的側面の圧倒的比重は、後に見るように、社会＝経済的に大きな意味を持つことになる。

(ii)機械を制御

コンピューターは、機械と結合され、労働手段の構成要素に転化することによって、大きな発達を遂げる。そこでは、労働対象の状態を捉えるセンサーと命令を機械に伝え作動させるアクチュエイターを介して、コンピューターが機械の運動を制御する。コンピューターは、「頭脳」だけの存在から「神経系」と連携して「道具を持った手」をコントロールする存在に転変したのである。

コンピューターが機械を包摂することによって生まれた労働手段は、それまでのように一つの道具をもって同じ作業を繰り返す装置ではなく、多様な状況に対応できる柔軟性を獲得する。コンピューターに包摂された機械は、労働対象の変化に応じて多様な道具を使い分けることのできる・一つの道具を多様複雑な仕方で使うことのできる・学習することのできる装置になる。そのことはもちろん、一つの機械との関係においてだけでなく、多様な機械が組み合わされたシステムとしての労働手段についても言えることである。

このような精神的機能の労働手段との合体は、主要に人間のピラミッドである管理機構の機能の吸収を意味するが、現場の労働者が尚保持するノウハウの取り込みをも含む。それらは、資本の利益を拡大するが、同時に、精神的機能を労働現場に引き戻す側面を持っている。後者の側面は、精神労働と筋肉労働の対立の止揚にとって、不可欠の条件となるものである。

この新たな労働手段は、積極的に有用な情報を入力する能動的姿勢でこれに対するときにこそ、その機能を十全に発揮する。だが奴隷制の下では、それが最良の奴隷制であっても、人々に真の意味で能動性を期待することはできない。協同的な関係の下でのみ、この労働手段の真価が現れるのである。

(iii)社会をネットワーク化

コンピューター・ネットワークには、集中処理方式と分散処理方式の二つの形態がある。集中処理方式とは、情報を各コンピューターから中央のコンピューターに集中・蓄積して利用する方式であり、分散処理方式とは、各コンピューターの情報を特定のコンピューターに集中することなく直接相互に利用する方式である。コンピューター・ネットワークの発達史から言えば、一九六〇〜七〇年代に支配的だった前者から、八〇年代の過渡を経て、九〇年代には後者が支配的になった。集中処理方式は、国家や資本の組織(中央指令型)に適合している。分散処理方式は、情報の源である生産現場、生活現場の人々が直接相互に連携して行動する組織に適合している。

コンピューター・ネットワークの分散処理方式へのこのような発達は、ハードのダウンサイジング・性能向上・価格低下およびソフトの容易化・豊富化が飛躍的に進み個人の活動を支援できる装置になったこと、人々の自己発展(関係性の豊かさの実現)の欲求と結合したこと、分散処理の方が集中処理より概して効率的かつ経済的なこと、などによる。

コンピューター・ネットワークの主要な構築主体は、まずもって資本主義的企業であり、集中処理方式のそれを構築した。その典型が、銀行のＡＴＭ(全自動預け払い機)、コンビニエンス・ストアのＰＯＳシステム(商品が売れた時点で販売情報を中央コンピューターに集中し、消費動向を商品の配送に即座に反映させるシステム)、鉄道・航空の予約システムなどである。こうしたネットワークも、例えば競争関係にある銀行同士がATMを相互に接続するなど、社会的視点から見れば分散処理システムの構成部分になってきている。多国籍企業は、生産・物流・販売・決済・為替などの管理のために企業独自のコンピューター・ネットワークを、分散処理を強める中で、世界的規模で構築している。

分散処理方式のコンピューター・ネットワークの典型は、全てのコンピューター・ネットワークのネットワークであるインターネットである。

分散処理方式のコンピューター・ネットワークは、次のような社会システム上の変化を生み出している。

一つは、経済システムの領域である。

コンピューター・ネットワークは、生産・生活現場で活動する人々自身が、地域的・国際的規模で、直接・相互に、速やかに労働力を含む経済的諸要素の配分調整を行うことを可能にする。それは、国家・企業の中央集権的官僚機構および市場経済に置き換わるシステムの基盤となるものである。そしてそれは、ネットワークでつながる地域分散・地産地消型経済への転換を可能にするものである。

この技術の発達によって資本は、今や、中央指令型大企業の排他的分業構造の枠内で事業を成す従来の仕組みでは生き残れなくなってきており、企業の枠を越えたヨコの連携（ネットワーク）で事業を成す仕組みを拡大しつつある。社会組織全般が、タテ型・指令型からヨコ型・協力型へ移行し始めている。この移行にとっての最後の桎梏は、資本－賃労働関係であり、国家－人民関係に他ならない。コンピューター・ネットワークは、たとえそれが、国家と資本の主導権によって発展しているとしても、従って労働者に苦痛を及ぼす仕方で発展しているとしても、その発展は、国家と資本の支配を弱めずにはおかないものである。

二つは、災害対処の領域である。

自然的あるいは社会的な災害の際の救援要請や救援の組織化における民衆同士の協力の領域である。

インターネットは、核戦争に耐えられる組織を追求するアメリカの国家的研究の中で、指令中枢が破壊されると崩壊してしまう従来の組織に代わるシステムとして誕生し、それが全米および世界に広がったものだと言われている。その真偽はともかくとして、このネットワークは、中枢部なり一部が破壊されても全体は影響されず、破壊された部分の修復に速やかに向かえることをそもそもの特徴としているのである。災害現地の人々が救援要請を発信し、他地域の人々が直接これに応える。それ自身としては、中央指令型組織の非効率だけでなく、上層階級の利害が優先されて現場の必要が踏みにじられる危険も、あらかじめ排除されている。

三つは、人々の連帯、政治意志形成の領域である。

これまでは個々人は、表現の自由はあっても手段に制約があった。一般社会においてはテレビや新聞などのマスメディアを介さずには、また巨大組織においては官僚機構の中枢を介さずには、自己の情報と意志を広く発信できなかった。このような媒介項があるとき、自己の情報と意志は多くの場合、無視や歪曲や変形を被らずにいないものである。しかし、このネットワーク環境の中では、個々人は、自己の情報と意志を不特定多数の人々に対して、国境をも越えてダイレクトに示し、直接・相互にコミュニケーションし、連帯と政治意志を形成するようになる。

分散処理方式のコンピューター・ネットワークの発達が社会システムに強要するこうした変容は、今後多方面に現出し拡大してゆくに違いない。

とはいえコンピューター・ネットワークは、全ての人が、必要な情報を、正確に、リアルタイムで提供してはじめて、十全に機能するものである。このネットワークが十全に機能するためには、誰もが自由にネットワークにアクセスでき、社会が信頼関係の上に成り立っていることが前提である。だがこのブルジョア社会は、他人を食い物にして良としている社会である。ネットワークにアクセスできない貧困層が存在する社会でもある。このような社会においては、コンピューター・ネットワークがその機能を真に発揮することはない。

③産業の成熟の歴史的意義

「産業」の本質は、人間社会の対象的自然との間の物質代謝活動である。人間は、労働手段をもってそれを行うから、労働手段の体系が「産業」の実体を構成する。

労働手段が、他の動物種の牙や爪のレベルを大きく超えてはいなかった採集・狩猟時代に、産業の実体は見えない。産業は、それと他の社会活動との区別が明確に現れてきた社会を扱う際に使われる表現である。それは、労働手段が発達し、とりわけ共同的に使用するそれが社会的に大きな地位を占めるようになった段階に対応した表現であるだろう。

(i)前史

人間は、労働手段を媒介にして、対象的自然と物質代謝を行い自己を再生産する。環境の変化や欲求の高度化に対処するのに、自己の身体的形態の変容によって適応する他の生物種と違い、労働手段の発展をもってそれらに対処するところに人間の本源的な特徴がある。

とはいえ人類が原始共同体的システムをもって、採集・狩猟という他の生物種と同様の物質代謝の仕方を継続していた時代においては、労働手段は、石器のように自然物の利用という域を大きく超えるものではなかった。それにそもそも、この時代の人類の生活においてもっとも重要だったのは、経済生活の三要素である人間、労働手段、対象的自然のうちの最後のものであり、圧倒的に対象的自然であった。人類は、対象的自然の中に「神」を見て、その前にひれ伏していたのである。

約一〇万年前に誕生した現人類は、人口を増大させながら、地球の隅々にまでその生活圏を広げる。約一万年ぐらい前に、フロンティアの喪失、人口増、獲り尽くしなどのよって採集・狩猟の対象が枯渇する。人類発生以来の最大の危機だったのではないだろうか。縄張りをめぐる共同体間の争いも激化したに違いない。

ここで人類は、農業・牧畜を発展させ、それらを基幹とした社会への転換を開始する。この大転換の主体的条件は、採集・狩猟の対象の枯渇過程で必要に迫られて発達させた労働手段の高度化(土器、磨製石器、金属・鉄製用具)と氏族(軍事同盟)の発達、それらを媒介とした大きな協働労働集団の形成（灌漑工事などに不可欠）によって成熟していた。こうした中で、肥沃な土地と豊かな水という客観的条件に恵まれた地域において先行的に農業・牧畜文明が興るのである。

農業・牧畜、あるいはその労働手段（鉄製農具、灌漑施設、田畑、放牧地、貯蔵庫など）は、少なからず対象的自然の恵みとしての性格を残しつつも、対象的自然を従わせる手段としての性格を前面化させる。

同時にそれは、社会の在り方をも規定し転換させた。移動生活から定住生活への転換。大規模な分業、および、それらを統括・調整するシステムの必要。構想し命令する少数者とその下で隷属的に働く大多数の人々への社会の分裂が生じる。管理する少数者の固定化は、労働手段と剰余生産物の少数者による占有を、そして私有財産制度を生み出していく。支配する階級と支配される階級に分裂した社会は、社会の外部に、上層階級の支配的地位を支えつつ社会の統合性を確保せしめる国家を必要とした。

こうして農業・牧畜は、数千年間にわたって「文明」を象徴してきたのだった。

一八六〇年ごろに始まるイギリス産業革命を契機に、世界は機械制大工業の時代に足を踏み入れる。この時代になると、産業（労働手段）が、対象的自然に対しても、人間に対しても、全面的に君臨するようになる。

資本の自己増殖運動が、人々を産業（労働手段）の拡大再生産に奉仕させ、生産諸力の嵐のような発展を牽引した。自然科学が、これと手を携えて発達した。社会（人々）が主として物質的豊かさの実現を欲求していたことが、これらを政治的に支えた。

この時代に、社会のあらゆる分野が機械化された。

(ii) 意義

二〇世紀最後の約三〇年間を過渡として、世界は「産業の成熟」時代を迎える。「産業の成熟」は、次のことを意味する。

第一は、社会のあらゆる分野の機械化と社会の物質的豊かさの実現であり、筋肉労働を代替する装置の普遍化の上に立って、社会の精神労働を代替する装置であるコンピューター・ネットワークが発達し産業を包摂していくことである。

なお物質的豊かさを実現したということは、社会の生産諸力の領域のことである。格差・貧困問題の存在によって、この事実を否定することにはならない。後述するように今日の格差・貧困問題は、資本主義の下での産業の成熟に起因するもの（「豊かさの中の貧困」）である。さらなる産業発展は幻想であり、産業の成熟の深化によってむしろ悪化していくのが今日の格差・貧困問題なのである。

第二は、人類が地球的自然を崩壊させるほどの物質代謝力を手にしたことである。それは、人類社会に対して、物質的生産諸力の量的発展の制御・質的発展への転換を求めるものである。

第三は、物質的豊かさの実現と地球環境限界への逢着とによって、物質的豊かさへの欲求を後景化させ、人間（関係性＝社会的諸関係および対象的自然との関係の総体）の豊かさへの欲求を増大させることである。人類社会は、物質的豊かさを追求した産業発展の時代から人間（関係性）の豊かさを実現する時代へ移行しようとしているのである。

産業の成熟は、世界的規模で同時的に生じているわけではない。超大国アメリカで生じ、欧州や日本などの先進国が後に続き、いま波状的に加速度を高めて全世界に波及しつつある。その意味において、産業の成熟は既に世界史的事態となっているのである。

〔2〕地球環境限界への逢着

人類社会は、産業を成熟段階に高める中で、地球環境を崩壊させてしまう程の物質代謝能力を手にした。人類社会は既に、地球環境限界への逢着という現実と向き合いながら自己の社会を発展させていく時代に入っているのである。

①地球環境限界への逢着の実相

今日、人類社会の環境的基盤が地球規模で崩壊する危機に直面している。だが利潤のために人間と自然環境に犠牲を強いる資本のあくなき自己増殖運動は、止まることがない。人類社会は、そうした中で、物質的豊かさを追求してきたこれまでの社会の在り方の転換を迫られているのである。

〇八年のサミットでは、「地球温暖化」問題が主要な議題となった。それは、温暖化が本当に大問題なのか、またその主たる原因が大気中のCO_2なのかといった議論はあるにしろ、環境問題が国境を越えて共同しなければ解決できない課題として、しかも緊要な課題として浮上してきたことを象徴する会議だったと言えるだろう。だが同時にサミットは、自国の巨大投機マネーと多国籍企業の利害を背景に持つ諸大国の集まりであることから、超大国アメリカを先頭に、地球環境問題に関して解決する意志も能力もないことを自己暴露したのだった。

大金持ちたちは、その資力をもって、環境破壊の影響から身を遠ざけて暮らすが、一般の民衆はそうはいかない。とりわけ下層の労働者・農民、貧しい民は、まっさきにその犠牲となる。

大気汚染、過密、危険、衛生劣悪な環境のただ中での労働と生活を強いられる人々。台風やサイクロンやハリケーンが来たらまともな防波堤もなく水没する危険地帯、砂漠化の境界地帯や縮小する熱帯雨林など「辺境」での生計を余儀なくされている人々。安価であるが故に化学物質で汚染された食物を食べなければならない人々。補助金と引き換えに原発と隣り合わせの生活を強いられる人々。まともに医療や生活が保障されない人々などが、まっさきに犠牲となるのである。

地球環境は、現在、主として次の四つの要因によって破壊されつつある。

一つは、大量生産、大量消費、大量廃棄の拡大である。これが基本的な要因であり、他の三要因は派生的かつ増幅的な要因である。

対象的自然との間での循環困難素材や有害物質による大規模汚染は、この要因を構成する大きな要素である。今や地球をつつむ大気から深海まで、北極のシロクマから南極のペンギンまでが有害物質に深く汚染され、ゴミがどこの海岸線にも打ち寄せ、ヒマラヤの山奥にさえ散乱する時代になってしまっている。放射性廃棄物による汚染によって、人間の住めない地域が作り出されている。対象的自然との間の物質代謝は、たとえ再生可能素材や無害物質をもって行われる場合でも、おのずと量的に限度というものがある。たとえば、この地球上で人類が循環的に使用できる水の量は、無限ではない。それは、地球上の・あるいは当該地域の全水量のわずかな割合を越えてはならないだろう。大気さえもそうである。すでに大気中の酸素の使用量が、CO_2増大による温暖化がらみで問題化している。森林等はるかに限られた対象をとりあげれば、既に深刻かつ緊急の問題となっている。

こうしたことの結果、温和な生命圏は、人間の住みにくい環境へと顕著に変貌しつつあるのだ。大量生産・大量消費・大量廃棄を不断に拡大してゆく資本主義的経済システムに対する批判は、物質的生産力を世界に先駆けて成熟させ寄生的過剰消費社会を実現した米・欧・日などの先進国では、民衆の間で急速に高まってきている。しかし、その先進国は、そうした資本主義的経済システムの牙城に他ならない。そして、地球人口の多数部分は、貧困からの脱出と物質的豊かさの実現を求めており、今まさに史上例を見ない規模と速さで産業革命を推進している諸国で暮らしているのである。地球規模での環境破壊は、早晩、重大な局面を迎えるに違いない。

二つは、人口の急増である。

世界の人口は、この二〇〇年あまりの間に急増した。一九世紀初めの世界人口が一〇億人であった。それが、二〇〇八年には六七億人になっている。それは、その間におこった機械制大工業の発展、いわゆる「産業革命」と連動して生じた。産業の急速な発展、物質的生活の改善、保健・医療の発達が、それをひき起したのである。

今日、米・欧・日は、産業の成熟と地球環境限界への逢着を背景にひろがる欲求の高次化によって、人口急増時代を終えた。むしろ子育ての経済的条件を欠いた不安定雇用層が増大する中で、少子化・人口減少傾向にある。これらの諸国では、自国の支配的地位を維持するために、子育て支援や移民導入で労働力の減少を必死でくい止めようとしている。

しかし世界人口全体は、一層急速に増大しているのである。それは、先進国と発展途上国（新興国を含む）の人口比が一対四だからであり、発展途上国では人口爆発が続いているからだ。

人類は、全地球的に生息する存在であり、全生態系を自己の活動の内に取り込みながら生きる存在である。その人類が爆発的に殖え、しかも一人分の環境負荷を飛躍的に高めている。人類はその急増とともに、全生態系崩壊の危険を高めずにはおかない。

三つは、都市の巨大化である。

西暦一九〇〇年の世界の都市人口は一億六〇〇〇万人で、当時の世界総人口の一〇分の一にすぎなかった。しかし、二〇〇八年には世界人口六七億人の半分が都市人口である。ここでも、この三〇年余の発展途上国の急速な工業化を反映して、二〇〇五年の巨大都市ランキング上位一〇に、メキシコシティー（メキシコ）、サンパウロ（ブラジル）、ムンバイ（インド）、デリー（インド）、上海（中国）、カルカッタ（インド）、ダッカ（バングラデッシュ）、ブエノスアイレス（アルゼンチン）が並ぶ。先進国の都市で上位一〇に残るのは、一位の東京と、三位のニューヨークだけになっている。因みに、一位の東京は断トツの三、五三三万人、一〇位のブエノスアイレスは一、二五五

万人である。(国連統計)

都市の巨大化は、次の諸傾向を増幅する。生産、消費、廃棄の分離、および、それが生みだす生産の在り方への無関心、使い捨て文化、ゴミ処理に対する無責任的態度。都市の過密と農山漁村の過疎。これらはいずれも自然環境を破壊・荒廃させる。

今日の都市の巨大化は、巨大投機マネーと多国籍企業の資本蓄積運動を推力とする現象であり、これらの諸矛盾を国際的規模で極端にまで展開せしめる。それは、地球環境への負荷にたいする増幅器の役割を果たしているのである。

四つは、戦争である。

今日、地球環境破壊にかかわるような大規模な戦争は、基本的に超大国アメリカによって遂行される。それは、自国の世界覇権を確保する見地から、また自国の巨大投機マネーと多国籍企業の利益のために、あるいは自国の産軍複合体の利益のために展開される。それは、諸大国の動員を含め、システム化され波状的かつ日常的に発動されている。これは、地球環境破壊のシステムでもある。このシステムは、地球環境を人類ごとたやすく壊滅させることのできる核兵器で武装している。

どこまで突き進めば地球環境限界を超えてしまうのか? すでに越えているが、結果に現れるのにはタイムラグがあるからまだ現実になってないだけだ、という見解もある。実験で試すことのできないことであるから、そもそも確からしさ以上の見解は期待できない。そこで重要なのは、人々の感性と欲求であり、社会の決断である。

②自然環境問題とマルクス主義

自然環境の破壊に反対する運動の源流は、機械化が消費財生産部門だけでなく生産手段生産部門をも捉え始めた一九世紀末葉あたりのヨーロッパと見ることができるようである。だが自然環境破壊の現実を打破する条件が未成熟な段階での運動は、思想・政治的混迷を免れなかった。すなわちこの運動は、自然環境破壊をもたらす資本主義の下での機械制大工業の発展（「近代化」）と対決する際、改良主義の立場を拒否し根底から批判する立場に立とうとする時、往々にして封建時代の農業社会を美化する思想に立脚する傾向、さらに徹底して採集・狩猟時代を美化する思想に立脚する傾向に転落したのである。

結局現実を未来に向かって超える条件が無いために、対象的自然に対する敵対が相対的に弱い過去の社会への回帰、更には対象的自然の生態系と未分化な過去の社会への回帰を路線的に対置したわけである。対象的自然の生態系と未分化な社会への回帰とは、対象的自然の変化に労働手段の創造・変革でなく自己の身体の変容をもって対処する人間以前の段階へと限りなく回帰することである。それは、環境問題の解決ではない。環境問題の解決は人間社会の生みだした問題の人間社会による解決なのだから、人間社会の否定による「解決」が解決でないのは自明である。環境問題の解決を過去への回帰の方向に求める思想は、政治反動と結びつきやすい。かつてこうした思想傾向がナチスと結びついたのも、一つの必然だと言えるだろう。

今日の環境保護・エコロジー運動は、産業発展（機械制大工業化）時代の運動とは異なる質をもって、七〇年代初頭に再出発を画したものである。

かつては、自然破壊の現実を未来に向かって超える条件を欠いていた。だから自然保護の理論は、過去を美化する方向に流れた。しかし今や、産業成熟の時代、新しい社会が芽吹いてゆく時代に入った。したがって運動の政治性格も、反動的方向と結びつくのではなく、基本的に進歩的方向と結びつくものとなっているのである。

とはいえ依然、根本的な変革理論の欠如が続いている。

一九七〇年代に発するディープ・エコロジー運動というのがある。この運動は、改良主義を「シャロー（＝浅薄な）・エコロジー」と批判し、革命的立場を自称した。しかしそれは、理論的混迷の深さを明らかにするものでしかなかった。

ディープ・エコロジー運動の思想的特徴は、『ディープ・エコロジー』（アラン・ドレングソン、井上有一共編、昭和堂）に紹介されている・この運動の提唱者であるノルウェーの哲学者アルネ・ネスの主張で見ると、次のようである。

アルネ・ネスは、「広い意味での自己実現」に立脚した運動を主張している。彼は、「自己」について、「一人ひとりの『自己』を広げまた深めすべての生命を包み込む」（六五頁）ものとして、また「環境という入れもののなかに個々独立した人間が入っているという原子論的イメージではなく、関係論的全体野（トータル・フィールド）的なイメージ…生命圏は本質的に固有の関係が網状に絡まり広がったもので、個々の生命はその関係の網の結び目にあたるイメージ」（三二頁）で捉える。そして、「生命圏平等主義」（三二頁）を掲げて地球上の全ての生き物は等しく「生き栄えるという等しく与えられた権利」「自己実現の権利」（三三頁）を有すると主張し、「この権利を人間にかぎると人間中心主義に陥ることになり、人間自らの生の質にも望ましくない」（三三頁）と指摘する。なお彼は、「自己実現」について、「存在の究極的な目的」（七〇頁）であり、「それぞれが固有に持つ可能性を実現すること」（五三頁）だとしている。

この主張の問題点は、以下の三点である。

問題点の第一は、「自己実現」に立脚する自然保護運動を提唱している点である。「自己実現」が意味する「存在の究極的な目的」なり「それぞれが固有に持つ可能性を実現すること」は、時代や所属集団によって異なる。たとえば資本家の究極的な目的は利潤であり、資本家が固有に持つ可能性は対象的自然の収奪を含む。これではまずいだろう。

問題点の第二は、ブルジョア社会における人間の「原子論的イメージ」に対して、人間社会の発展に立脚してこれを『止揚』するのではなく、人間（社会）誕生以前的生態系の関係性を対置している点である。これは理論的土台において、伝統的な自然保護運動の過去への回帰論を継承している。

第三は、生き物の「権利」を認めよと主張する形で、ブルジョア的権利思想の「社会的弱者」への拡張を、さらに人間社会の範囲を超えて拡張していることである。これは、一見ラディカルのようだが、ブルジョア社会を本質的に何ら変革しない改良主義である。当然、自然環境破壊に対しても改良主義だということである。

では、マルクス主義はどうであったか。

マルクス主義は、剰余価値を目的とする資本の運動を自然環境破壊の元凶と批判し、資本主義にかわる高次の生産諸関係の形成をもって問題が解決されるとしてきた。マルクス主義は、自然環境破壊をもたらす資本主義が拠って立ち促進する機械制大工業の発達、物的豊かさへの欲求、人口激増という生産諸力の増大については、社会発展を導くものと位置づけていた。マルクス主義は、生産諸力の発達を導く際の資本主義的仕方（利潤目的、支配と搾取など）に反対するが、生産諸力の発達そのものは支持していたのである。だがもとより、生産諸力の発達は、自然環境への負荷の増大に他ならない。

ここに、自然環境問題を重視してこなかった態度の思想的根拠があった。

では、問題はどこに在ったのか。

石器時代への回帰の方向に自然環境問題の解決を求めるのではなく、歴史発展の方向にそれを求めるマルクスやエンゲルスの思想・政治的態度は、全く正しいものであった。人類が物質的豊かさの実現を求めて、産業を発達させてきたことは、歴史的必然であり、その方向に問題の解決を求める態度は正しかった。

そのことは、資本主義の下における機械制大工業の発達についても言える。資本主義は「それが十分内包しうる生産諸力が全て発展しきるまでは」決して没落しない。マルクスの生きた時代は、産業（機械制大工業）がそのような発展途上の時代であった。マルクスは、そのような時代におけ る資本主義の廃絶を目指す者の態度を提示したのである。そこに、生産諸力の発達は擁護しながら、自然環境破壊には反対するという矛盾的態度が出てくる根拠があったのである。時代的制約である。

だが今や人類は、産業の発展時代を終え、その成熟時代に足を踏み入れた。それを土台に人々の欲求の基軸が、物質的豊かさの実現から人間（人と人、人と対象的自然の関係性）の豊かさの実現へと移行しはじめた。人口爆発の終焉も先進国から始まっている。資本主義の下で、それが十分内包しうる生産諸力が全て発展し切ったのである。われわれは今、それを前提に自然環境問題に対する態度を構築することのできる時代に生きているのである。

③地球環境限界への逢着の歴史的意義

今日、産業が成熟し、人類社会は地球環境限界に逢着した。その事実の歴史的意義は次の二点にある。

第一は、資本主義の存続が、人類の存立と両立しない時代に入ったということである。資本主義は、永続的な拡大再生産を導く。これ以上の生命圏の汚染と破壊を阻止しようとする社会の自己保存欲求は、資本主義に代わる社会の在り方の追求へと向かわずにはいない。

第二は、産業の成熟・物質的豊かさの実現が産み出す「高次の欲求」を増幅し、新たな社会の形成を促進することである。

地球環境限界への逢着は、過剰な生産と消費に対する自制の意識と感情を湧き起こす。「足るを知る」である。この意識と感情は、物質的豊かさの実現（金儲け！）から、人と人の関係・人と対象的自然の関係の豊かさの実現へと向かう欲求移行を加速し、新たな社会の形成を促進する。「絆」

の再構築である。

［3］高次の欲求の高まり

「産業の成熟」と「地球環境限界への逢着」とによって、人々の欲求（社会の目的）の軸心は、物質的豊かさの実現から人間（関係性）の豊かさの実現へと移行しつつある。この章では、高次の欲求の高まりについて研究する。

①人間の欲求の三層構造

人類（社会）の欲求は、三層構造を成している。

基底を成すのは、生態系のもろもろの構成部分と同じ類的自己保存欲求である。中層を成すのは、産業（労働手段）の発達を土台とする物質的豊かさへの欲求である。上層は、人間（関係性＝社会的諸関係および対象的自然との関係の総体）の豊かさへの欲求である。

三層の相互関係は次のようである。基底の欲求が実現されると、中層の欲求が中心的欲求へと浮上する。中層の欲求が実現されると、上層の欲求が中心的欲求へと浮上する。自然災害や戦災などでそれまでに築き上げてきたものが破壊されると、基層の欲求が社会再建の起動力として再浮上する。この三層は、もっとも大まかに分けた構造である。それぞれは重層的なサブ構造をもつ。

類的自己保存欲求は、食物欲求、生殖欲求、安全欲求、社会(集団)への帰属・貢献欲求などから成る。この欲求は、対象的自然の圧倒的な支配的影響下で生活していた採集・狩猟の時代に中心的地位を占めていた欲求である。とはいえこの時代においても人類は、労働手段の発達を土台とした物質的豊かさへの欲求や、人間(関係性)の豊かさへの欲求を副次的あるいは萌芽的に発現した。それは、道具や住居の発達、絵画などの形で残されている。

産業(労働手段)の発達を土台とする物質的豊かさへの欲求は、農業・牧畜の発達と相互促進的に中心的欲求へと浮上した。社会が類的自己保存に必要な物資をこえる剰余を生産できるようになり、その剰余の多くを独占する支配階級が形成されると、支配階級の構成員においては、類的自己保存欲求は中心的欲求から後退し、産業(労働手段)の発達を土台とした物的豊かさへの欲求が中心的欲求となる。支配階級の欲求が社会の支配的目的となり社会システム化される。これは、機械制大工業を基盤とした・剰余価値の生産を目的とする資本主義において完成された形態を獲得する。

産業(労働手段)の発達を土台とする物質的豊かさへの欲求は、物量・速度・利便性など直接的な物質的豊かさへの欲求やそれを実現するための自然科学的な探究欲求だけを意味しない。それは、所有欲、金銭欲、権力欲などを派生的に含む。むしろ後者が、産業(労働手段)の発達を土台とする物質的豊かさの実現にとって、大きな役割を果たしてきたのだった。

物質的豊かさが中心的欲求であったこの時代において、類的自己保存欲求は消滅したわけではない。類的自己保存欲求は、基底に位置し続けてきたのである。それは、社会の底辺部分にいくほど依然日常的に中心的欲求であったし、戦災や自然災害の際には中心欲求へと繰り返し浮上した。

物質的豊かさの増大が中心的欲求であったこの時代は、主として支配階級が、物質的豊かさの独占を基盤に、人間（関係性）の豊かさへの欲求を発達させてきた時代でもある。社会の上層に「衣食足りて礼節を知る」世界を築いたのである。世界観の探究、学問、教育・学習、道徳、芸術、遊び、スポーツ、等々のいわゆる文化が発達した。ただしそれらは、基本的に階級秩序の枠内で、それに奉仕する仕方をもって発達したのである。

今日人間（関係性）の豊かさへの欲求が、産業の成熟（物質的豊かさの実現）によって、また地球環境限界への逢着に促され、社会の中心的欲求になろうとしている。この新たな欲求の増大は、社会の在り方を変えずにはおかない。世界を変えずにはおかないものである。

②人間（関係性）の豊かさへの欲求

人間（社会的諸関係および対象的自然との関係の総体＝略して関係性）の豊かさとは何か？

ここで言う人間（関係性）の豊かさは、原始社会におけるような対象的自然の前にひれ伏す関係を克服した地平にあるものである。また階級社会におけるような産業（労働手段）に付属し奉仕する関係、対象的自然を征服・収奪する関係を克服した地平にあるものである。それは、産業の成熟への到達と地球環境限界への逢着の上に欲求され、実現される関係性に他ならない。それは、相互扶助、協同、相互贈与、ネットワーク、自治・自律によってかちとられ成り立つ人間（関係性）の在り方である。

こうした関係性への欲求が高まってきている。それは、国家および資本主義・市場経済が支配する社会の在り方と根底から対立するものである。

人間（関係性）の豊かさへの欲求の実現は、まずもって次の領域において足場を築き、それを社会全体に敷衍する仕方で進行するに違いない。すなわちその領域とは、産業の成熟と地球環境限界への逢着を基礎に発展する相互扶助的生活領域（育児、教育・学習、保健・医療、介護・福祉、自然環境保護など）である。

この領域は、人間あるいは自然に対する関係性の豊かさを実現する目的に直接関わる活動領域であり、かかる目的に沿った在り方への転換が即問われる領域に他ならない。そのため、この領域では、国家という政治支配システムをもって活動を組織することの弊害、賃金奴隷制というシステムをもって活動を組織することの弊害、等価交換をもって活動を提供することの弊害が露呈する。それとともに相互扶助、労働や物資の譲り合い（贈与経済）、協同、ネットワークによる配分調整システムが、この領域で発達する。新たなシステムは、この領域の社会的比重の不可避的増大に押し上げられて発展してゆくことになる。

とはいえ、新たなシステムの全社会的な敷衍は、その漸進的延長にはない。

人間（関係性）の豊かさへの人々の欲求は、ブルジョア社会の骨格を成してきた支配と隷属、差別と抑圧、搾取と貧困、自然の征服と収奪、等々の廃絶へと向かわずにはおかない。そしてこの欲求は、労働時間の大幅な短縮を実現し、就労層と失業層への人口の分割をなくすとともに、一人ひとりが精神労働と筋肉労働の分業をはじめとする分業の各分節に隷属することなく、自律的かつ協同的な関係性を発展させることのできるシステムを構築する。

人間（関係性）の豊かさへの欲求は、社会的差別と両立しない。それは、社会的差別構造を、その土台である就労と失業への分割や分業への隷属だけでなく、総体的に廃絶する。一人ひとりに発する人間（関係性）の豊かさへの欲求の社会的高まりに依拠してのみ、被差別層の「権利」の権力的保障（「アファーマティブ・アクション」など）が不可避にともなう政治的限界を超えて、社会的差別は廃絶されるのである。

人間（関係性）の豊かさへの欲求は、都市と農村、工業と農業、生産と消費、職場と生活場の乖離・対立といった機械制大工業の時代の産業・居住配置と両立しない。この欲求は、一方において国際的中心都市が賭博的喧騒と多国籍的搾取によってグロテスクに肥大化し、他方においてかかる国際的中心都市の基底および周辺部から社会が崩壊してゆく現実と真っ向から対立する。この欲求は、人間（関係性）の豊かな発展を保障する場としての地域社会の再生、農業を含む多様な活動領域の地域社会におけるバランスのとれた配置と一体的に実現されていくものである。

人間（関係性）の豊かさへの欲求は、物質的生産の増大を追い求めてきた時代の終焉を意識的に導く。同時に、人間（関係性）の豊かさへの欲求は、「産めよ殖やせよ」の時代を終わらせ、それに相応した子育ての在り方（含・人口水準）を意識的に導く。量的定常・質的発展の社会が創造されるのである。

人間（関係性）の豊かさへの欲求は、つまるところ国家、資本主義、市場経済と衝突する。この欲求は、これらを廃絶せずにはいない。この葛藤は、価値観の世界で始まっている。等価交換、利潤、私有財産、権利、競争、中央集権・専門化、等々といった価値の地盤沈下。相互扶助、贈与、非営利、協同、公共財、相互信頼、共生、自治・自律、ネットワークといった価値の浮上である。

人間（関係性）の豊かさへの欲求を構成する以上の内容は、この欲求階層の基盤に位置するものである。人間（関係性）の豊かさへの欲求は、この基盤の実現の上に、社会の質的発展を導くいっそう豊かな諸形態を顕現させてゆくに違いない。

③「自由」について

人間（関係性）の豊かさへの欲求は、「自由」への欲求を含んでいる。しかしその「自由」の欲求は、資本家たちが掲げる「自由」とは、本質的に異なる。その点を以下で確認しておくことにする。

(i)資本の自由

今日、超大国アメリカやその追随者たちが使う「自由」という言葉には、いかがわしさが付きまとう。

何故か？　それは彼らの「自由」が、歴史的役割を終えた資本にとっての・延命のための「自由」だからである。

今日の先進国の資本は、その拠って立つ基盤である産業が成熟（市場が飽和）し、地球環境限界にも逢着しているため、利潤率の低下を押し止めえなくなっている。かつてのように新産業が勃興して過剰貨幣資本を（失業人口とともに）吸収することが期待できない時代にある。資本が資本として機能しなくなろうとしているわけである。

この危機の中での唯一の延命策が、略奪なのである。金持ち・法人の減税。労働者の賃金総額の引き下げ。マネーゲーム（賭博）による資本家同士や中間層・下層民衆からの巻上げ、である。これを、グローバルな規模で展開する。その際、「略奪の自由」を妨げている国家体制や社会システムや文化を批判し破壊する。

超大国アメリカとその追随者たちが旗印としている「自由」とは、まさにかかる「略奪の自由」なのである。

(ii)労働者の自由

しかしこうした中で、労働者も自由を求める。

そもそもブルジョア社会において、労働者の自由を根底のところで規定しているのは、自己の労働力を販売する「自由」（カッコ付き）である。だがこの「自由」は、自己の労働力を販売し終わった時点で消失する。労働者は、資本の自己増殖のために、その指揮命令に服さねばならない。この現実を労働者に強制しているのは、一握りの人々による労働手段の私的所有であり、分業への労働者の隷属、および、就労と失業への労働人口の分割である。

労働手段の私的所有を法制上廃止したとしても、就労と失業への分割、分業への隷属を打破しない限り、隷属的労働を強いられる関係は変わらない。

就労する人々は、長時間・過密労働を強いられ、自己の能力（＝関係）を豊かに発展させる時間的ゆとりを剥奪されている。失業者は、社会的活動から排除され、収入（生活物資）を剥奪されているか、せいぜい命をつなぐレベルしか物質的に保障されない。したがって、時間は有っても、それは自己の既存の能力を劣化させる時間でしかなく、新たな社会貢献能力（関係）を構築する時間たり得ない。

しかし、労働時間の大幅な短縮によって就業と失業への分割という問題が克服され、社会的富の分配も適正なものになるだけでは、人間（関係性）の豊かな発展を実現することはできない。そこではまだ、人々は分業の各分節に緊縛されたままである。精神労働と筋肉労働の対立、管理するものと管理されるものの矛盾は存続する。

究めたい活動領域があっても、その活動領域で活動している人々がその領域にしがみついているならば、かかる志望は果たせない。また逆に、自分が特定の領域にしがみついている場合には、他の人々の豊かな発展を妨げることになる。分業への隷属からの解放は、社会全体の相互協力事業として実現されるのである。

こうして初めて労働者は自由を獲得するのである。

(iii)「社会的責任」との関連で

労働者の自由への欲求は、まさに人間（関係性）の豊かさへの欲求に他ならない。この自由は、商取引の自由・資本の自己増殖の自由を基礎とするブルジョアの自由とは全く異なるものである。

ブルジョアの自由は、社会との関係で限度というものを外的に設定し、規制することが必要となる。そうしないと強欲の自由が暴走し、社会に対して破壊的となるからである。すなわち自由と責任という形で、一方において自由を保障するとともに、他方において社会的責任を問うシステムを形成してきたのである。

これに対して人間（関係性）の豊かさへの欲求は、既にその内に社会的責任の問題が解決され組み込まれているのである。義務としてではなく、欲求として。

④欲求論

マルクスやエンゲルスは、「各人の自由な発展が全ての人の自由な発展のための条件であるような協同社会」（「共産党宣言」）を目標とした。しかし彼らはこの目標を、労働者民衆の現実の欲求として語ったわけではない。当時の労働者民衆の支配的欲求は物質的豊かさへの欲求であった。一人ひとりの自由な発展への欲求は萌芽的にはあったにせよ、多分に先進部分の理論的・未来的な課題に止まっていた。それは、レーニンが「国家と革命」の中で共産主義社会を低い段階と高い段階に分けて整理し、マルクスやエンゲルスが掲げた「協同社会」を高い段階として将来の目標に棚上げしたことに、一層鮮明に反映されたのだった。

産業革命がイギリスで始まった一七六〇年頃から産業の成熟という地平にアメリカが到達した一九七〇年頃までの約二〇〇年の間は、資本の自己増殖運動に牽引された工業化の時代だったが、労働者民衆が物質的豊かさを求めて闘った時代でもあった。

一九七〇年頃から、人々の欲求の様相に大きな変化が現れる。特に自然環境破壊に対する批判が高まる中で、「成長」志向が問い直され、人々の欲求の変容が始まる。女性差別問題など社会的差別の問題が浮上し、男女の役割分業など社会的分業に隷属した生き方が問い直される。そして、産業が成熟し、物質的豊かさが実現されたことによって、また物質的豊かさの中で「格差・貧困」が拡大するという事態に直面して、人間（関係性）の豊かさを実現する社会への希求が高まる。「高次の欲求」が、労働者民衆の現実の欲求になり始めたのである。

新たな欲求は、資本関係と両立しない。否、それは階級社会のあらゆる諸関係と両立しない。新たな欲求は、革命を導くだけでなく、革命の内容と形態を規定する。したがって、現代の革命理論において、欲求のこの歴史的変化と新たな欲求が対象化され、それに相応しい位置が付与されねばならないのである。

マルクスやエンゲルスはその共著『ドイツイデオロギー』で明らかなように、歴史発展の契機として、「新たな欲求の産出」を重視した。だが当時の社会における「新たな欲求の産出」は、まだ物質的豊かさへの欲求という欲求階層の枠内での出来事だった。したがってそれは、資本（産業）の拡大再生産運動を成り立たせる条件以上ではなかった。このため彼らの後継者たちは、歴史発展の契機の一つとしてのこの領域への関心を後退させてきた。そうした中での二〇世紀半ば、アブラハム・マズローというアメリカの心理学者が、産出されつつあった「新たな欲求」を「自己実現の欲求」と呼び、欲求論の内に位置付けた。それは、時代の変化の一つの先駆けであった。

マズローは、それまでの心理学が、性衝動に発する内的衝動（臨床的観察）を重視するにせよ、あるいは外的環境の影響（動物を使った行動実験）を重視するにせよ、人間の欲求を動物のそれと本質的に同じものとして扱ってきたことを批判し、「欲求の階層」という見解を提起した。すなわち、基底に位置する第一層は、空気・水・食物・性などの生理的欲求。第二層は、安全と安定への欲求。第三層は、愛・集団所属欲求。第四層は、自尊心と他者による尊敬への欲求。第五層は、人がなるところのものにますますなろうとする自己実現の欲求、である。マズローは、この欲求の階層について、低い階層の欲求が充足されると最早それは欲求でなくなり、ただちに高次の欲求が高まるという構造にあるとした。

マズローの提起した「欲求の階層」については、次の点を指摘しておく必要がある。

一つは、人々の欲求が当該社会の社会・経済的な発展段階と深く結びついている、という見地を欠いていることである。

欲求移行は、日常の中でも見られるし、戦災や天災などの被災と復興の過程においてはその急速な展開を経験することになる。それらは、当該社会の欲求レベルを前提にした、個別的あるいは一時的な欲求移行である。最も重要な欲求移行は、社会の歴史的発展に伴うそれである。

二つは、欲求の階層分けが、欲求の歴史的変遷を反映したものになっていないことである。

歴史の変遷に対応させて「欲求の階層」を最も大括りにすると、次の三層構造になる。すなわち基層を成すのは、人間社会にとって対象的自然が主要な要素であった時代の中心的欲求、類的自己保存欲求である。中層を成すのは、人間社会にとって産業（労働手段）とその発達が主要な要素となった時代の中心的欲求、物質的豊かさへの欲求である。上層を成すのは、人間が主要な要素となるこれからの時代の中心的欲求、人間（人および自然との関係性）の豊かさへの欲求である。

マズローの第一層から第四層までは、類的自己保存欲求に含まれるものである。マズローの「欲求の階層」には、階級社会の中心的欲求たる物質的豊かさへの欲求（この階層には、権力欲や金銭欲が含まれる）が欠けている。そして、最上層の第五層に「自己実現の欲求」がくるが、その中味にも問題がある。

すなわち三つは、欲求の最上層が、「自己実現の欲求」として、非社会的・非歴史的に定義されていることである。「自己実現の欲求」とは、「人がなるところのものにますますなろうとする」欲求として定義されている。「自己」なり「人がなるところのもの」が前提的に内在し、それを実現する欲求なのである。

これをマズローは、人間の人格的な成長欲求として語る。しかし、既に在るものの実現欲求であるのだから、卵が幼虫となり、サナギとなり、蝶になって自己を実現する、そうした欲求と区別ができない。武士の武士としての人格的成長欲求、資本家の資本家としての人格的成長欲求、という形で階級社会の中心的欲求の構成要素としても語れるのである。

実際マズローは、このブルジョア社会の中で尊敬されている人を抽出し、「自己実現」した人と規定した。

こうした理由から、マズローの「自己実現の欲求」は、社会革命の原動力である高次の欲求の対象化としては極めて限界があり、保守的性格が強いものになっているのである。

マズローに発する心理学の研究は、高次の欲求の社会的増大を経営に活かそうとする資本家の問題意識とリンクする方向を強めている。故なきことではない。

⑤高次の欲求が増大していることの歴史的意義

約一〇億人が暮らす「先進国」地域において、人間（関係性）の豊かさへの欲求が広く増大している。

約三〇億人が暮らす「新興国」地域は、近い将来、産業成熟段階に到達する。高次の欲求が醸成されてくるだろう。

約三〇億人が暮らす「発展途上国」地域は、人々の物質的豊かさへの欲求を基盤に、資本が牽引する爆発的な産業発展の時代に突入しつつある。

地球環境限界への逢着のもう一段の深刻化にも促され、高次の欲求の拡大は、加速するに違いない。欲求移行は、いまや誰にも止めることのできない世界史的趨勢である。

高次の欲求が広く増大していることの歴史的意義は、次の三点にまとめることができる。

第一は、新たな社会の創造を現実の課題にすること。

第二は、人口爆発の時代を終焉させ、人と人の関係にとっても、人と自然の関係にとっても好ましい人口水準を実現すること。

第三は、資本主義と両立せず、資本主義の終焉を導くことである。

第二章　資本主義の歴史的役割の終焉と没落

巨大化した投機マネーが世界を丸ごと賭博場に変えてしまった。大企業さえ賭博の対象にし、あの国この国で中間層をすってんてんにしてしまい、ついには貧乏人から無理やり詐取しだした。アメリカにおいて「サブプライム」（低所得者向け）住宅ローンを返済できなくなる人が急増し、このローンの債権に依拠して発行された巨額にのぼる証券が突然無価値化したことにより、二〇〇七年夏、金融危機がはじまる。二〇〇八年秋、アメリカの全ての巨大投資銀行が事実上破綻し、世界の金融システムが崩壊寸前に追い込まれた。同時に、米ビッグスリーの倒産危機に象徴される実体経済へのその波及が顕在化し、世界的規模の大恐慌の到来が不可避の情勢になる。

ここにいたって、さすがにマネーゲームを美化し、投機マネーの自由（市場原理主義）を擁護する論調は影をひそめた。しかし、マネーゲーム資本主義の時代は終わったと軽々しく論断する主張が幅を利かす状況であっても、その対案としては、時代錯誤的なケインズ主義の現代的装いをこらした復権しか提出されていない。

世界金融危機勃発後、世界各国は金融機関に資金援助するとともに、ケインズ主義的な大規模財政出動を実施した。しかしそれは、世界経済の崩壊を先延ばししたに過ぎなかった。それは、かえってギリシャやイタリアなどの国家財政の破たんをもたらした。二〇一一年現在、財政破綻諸国の国債暴落を契機にした金融システムの崩壊と大恐慌二番底の到来、世界経済崩壊の危険が、現実味を帯びてきているのである。

とはいえ、「資本主義の対案は資本主義しかない」(〇八年一二月二九日付・朝日新聞)というソ連崩壊以降の支配的思潮が、人々を拘束し続けている。

たしかに、マルクスを再評価する動きが現れた。マルクスの再評価は、資本主義に対する批判が増大していることの反映ではある。しかしマルクスの革命理論は、資本主義が機械制大工業の発展を牽引し、それにともない階級対立が拡大した時代の理論であった。二一世紀の今日、マルクスの革命理論の前提を成していた機械制大工業の発展期、地球環境の大きな余力、物質的豊かさへの欲求の増大という土台は、全て後景化しつつある。それに代わって産業の成熟、地球環境限界への逢着、人間(関係性)の豊かさへの欲求という人間の時代への三つの契機が形成し前面化する時代に入っている。そこでは資本主義が、その歴史的役割を終え、桎梏以外の何物でもなくなっている。この時代をとらえ、新たな時代を切り開く理論が問われているのである。

[1] 貨幣資本の過剰化と投機マネーの増大

①新規投資領域の消滅

まず明らかにしなければならない問題は、なぜ投機マネーがこんなに肥大化する時代になったのか、である。投機マネーの強欲を批判する論者は多いものの、この点に焦点を当てている人は、案外見かけない。たとえこの点を論じても、ほとんどはその根拠を政策の誤りに求めており、事態を根底からとらえ切れていない。

投機マネーが肥大化するのは、実体経済の内に新規投資領域が見つからなくなり、貨幣資本が実体経済からどんどん遊離しはじめたからである。なぜ実体経済の中に新規投資領域が見つからなくなったのかと言えば、それは「産業の成熟」「地球環境限界への逢着」「欲求の高次化」のためである。

(i)産業の成熟による消滅

資本主義は、機械制大工業の発展を促進する上で極めて適したものであった。資本主義と機械制大工業は、相互促進的に発展してきた。

だがいまや先進諸国では、全ての産業と生活の領域が「機械化」されてしまった。今後、社会＝経済的な配分調整システムのネットワーク型への転換、産業の地産地消型・自然エネルギーへの転換などを中心に技術革新はつづくにしても、機械制大工業の大きな新産業部門はもはや生まれない時代に入っている。資本は慢性的な過剰生産に苦しみ、産業領域から貨幣資本を遊離させていかざるを得なくなっているのである。

資本主義の歴史において、貨幣資本が過剰化した時期は幾度かあった。資本主義経済が過剰生産恐慌に陥った時期がそうであるわけだが、とりわけ軽工業が成熟産業化した時期、重化学工業が成熟産業化した時期、耐久消費財産業が成熟産業化した時期というように、産業構造の大きな転換期において言えることである。コンドラチェフ長期波動理論が言う「五〇年周期」の大恐慌とそれに続く不況期である。その際、軽工業の成熟産業化で生じた過剰貨幣資本は重化学工業の勃興によって吸収され、重化学工業の成熟産業化で生じた過剰貨幣資本は耐久消費財産業の勃興によって吸収された。

しかしアメリカでは、一九七〇年代初頭には労働力再生産領域の機械化も終わり、耐久消費財産業が成熟産業化した。生産領域から生活領域まで社会の諸領域がひと通り機械化されて慢性的過剰生産（市場の飽和）に陥る過程が、アメリカから先進諸国全体に広がってゆく。

産業の成熟とともに増大する先進諸国の過剰貨幣資本は、その一部が後の新興国を含む発展途上国の産業領域に再投下されるも、その少なからぬ部分がマネーゲームの世界に滞留しはじめる。発展途上国の産業領域への投資が過剰貨幣資本の多くを吸収しないのは、対象産業領域が既に成熟した諸産業であり、多くが既存の工場の移転でしかないからである。過剰化する貨幣資本を大規模に吸収するような新産業の興る可能性は、先進国にも発展途上国にもないのである。

(ii)地球環境限界への逢着による消滅

もちろん、産業が成熟しても、成熟した産業をある程度以上の比率で量的に拡大し続けることができれば、貨幣資本の過剰問題は解決する。

たしかに、先進国市場は既に飽和しているが、新興国・発展途上国がある。現にそこでの産業発展は、先進国に発する成熟産業の波及と当該国の工業化の両側面をもって急速に進行している。それが、世界的規模での貨幣資本の過剰を緩和するのに一定の効果をもたらしてはいる。

しかし、新規投資領域の拡大には絶対的限界が存在しているのだ。それは、地球環境限界である。そして今日、地球環境限界を踏み越える危険が高まっているのである。

(iii)欲求の高次化による消滅

人々の欲求の変化、欲求の高次化は、社会活動領域の推進軸の移動、新たな社会活動領域の基幹化をもたらす。これから急速に発展する新たな社会領域は、もはや産業領域(モノを生産する領域)ではなく、人間(関係性=社会的諸関係および対象的自然との関係)の豊かさが求められる領域である。

しかし資本は、人間(関係性)の豊かさが求められる活動領域に本質的に適合できない。なぜなら資本関係とはそもそも、利潤のために人を支配し、搾取し、使い捨てる関係だからである。

資本は、社会の新たな発展領域に入っていくことができない。増大する過剰貨幣資本の圧力に促迫されて入りはしても、この領域を大きく発展させ開花させることはできない。まして人間（関係性）の豊かさを実現し、それを社会全体に押し及ぼすことはできない。むしろ資本は、その阻害要因として立ち現れることになる。

人間（＝関係性）の豊かさを実現する新たな領域には、ネットワークシステムの発展が含まれる。官僚組織と市場による配分調整から、経済的その他の諸要素を生産・生活現場の人々が直接・相互に配分調整するネットワークシステムへの移行である。それには、コンピューター・ネットワークという装置の整備が物質的条件として付随する。ただこの装置の主たる要素は、市場経済に適さない「情報」である。物的側面の比重は極小化してゆく。その物質的側面の生産も、既に成熟段階にある耐久消費財産業（家電）に属しており、新たな大産業の勃興をもたらさない。

＊

資本が産業の成熟、地球環境限界への逢着、高次の欲求の増大という人間の時代への三つの契機に適応できないことの結果が、今日の貨幣資本の過剰であり、その急速な肥大化であり、その投機マネーへの転化なのである。

米・日・欧の資本が一九七〇年代初頭以降に直面した事態について、『金融大崩壊』（NHK出版生活人新書・二〇〇九年）の中で水野和夫氏（出版時、三菱UFJ証券参与・チーフエコノミスト）が次のようにリアルに語っている。

「先進国では七四年からは企業の利潤率が上がらないという現象が続くようになりました。そのあと三〇年以上、企業は何をやっても利潤率が上がらない状況なのです。もっとも、これは実物投資の利潤率であって、債券や株式などの価格の値上がり益（キャピタルゲイン）は反映されていません。ですから、利潤を極大化しようとすれば実物投資をあきらめて、キャピタルゲインを得る、つまり金融市場を使って資産を増やすほうが効率的となります」（七八頁）と。

②先端走るアメリカ資本

この転換を先端的に表現してきたのが、アメリカ資本である。

アメリカ合衆国は、第二次世界大戦を媒介に、他の帝国主義諸国をも一定統制・支配する超大国の地位を確立し、その下で資本の多国籍展開を推進して、重層的国際分業の管制高地を制圧した。そのことで、産業の成熟・投機マネーの増大という点においても他に先んじることになる。

すなわち一九七〇年代初頭になるとアメリカは、発達しはじめていたエレクトロニクス産業と食料・資源・エネルギー産業という産業構造の先端と土台をおさえつつ、製造業の多くを他国に任せて、「金融立国」へと転換する方向に舵を切る。この戦略転換が、その後マネーゲーム資本主義を勃興させていくのである。

一九七〇年代初頭におけるアメリカ資本のこの戦略転換は、金との交換が約束された基軸通貨ドルとこのドルに固定レートでリンクされた諸国通貨によって成り立ってきた戦後の通貨制度の大転換、七一年の金・ドル交換停止による変動相場制への移行を必要とした。当時これは、日・欧(独)の復興と産業的発展によるアメリカの経済的地位の相対的低下の結果として、またドルの実質的切り下げによる国内産業の競争力回復のための企てとして受け止められていた。確かにそうした側面はあった。貿易赤字の累積のよってアメリカの金準備が底をつくのは、時間の問題だったからである。

とはいえ、今日から顧みるならば、それは事の一面に過ぎなかった。アメリカでは、自動車・家電などの耐久消費財産業が多国籍展開しつつ成熟・衰退していくのと並行して、グローバルな情報・通信ネットワークの発達をテコに投機マネーの運動が肥大化していく時代が始まろうとしていた。金・ドル交換停止と変動相場制への移行は、巨額の投機マネーが金準備に制約されることなく国境を越えて自由に運動する道を開いたのである。またこの移行は、為替相場の変動という一大投機領域を投機マネーに提供するものともなったのである。

これまで貨幣資本が過剰化し投機マネーとなって跋扈した時期はあったが、過剰貨幣資本は新たな産業の勃興によって吸収された。しかし今日のそれは、これまでとは異なる時代状況の産物である。すなわち今日では、一方で産業の成熟(市場の飽和)により産業領域における貨幣資本の過剰化が止まらなくなっており、他方でこれからの時代に基幹となる社会領域が資本主義の仕方では発展させ得ないため、膨張する過剰貨幣資本を十分に吸収することがない。そのため過剰貨幣資本は傾向的に膨張し、投機マネーを生みだし続けているのである。

投機マネーの増大によって、アメリカの経済構造は大きく変貌してきた。

アメリカ合衆国の名目GDP（国内総生産）総額に占める産業別GDPの比率は、一九七〇年に「製造業」が二二・七%、「金融・保険・不動産・リース」が一四・六%だった。この比率は八〇年代に逆転し、二〇〇五年に「製造業」が一二・二%、「金融・保険・不動産・リース」がその一・六七倍の二〇・四%となる。二〇〇七年のアメリカの産業構造（GDP構成比）は、第一次産業が一・二%、第二次産業が一七・七%、第三次産業八一・一%である。

われわれはこれらの数字から、アメリカの巨大投機マネーが、世界の過剰貨幣資本を引き寄せて一大賭博場を開設し、その「上がり」でもって世界各地から消費財を輸入し、アメリカ社会を消費漬けにしてきたあり様を読み取ることができる。アメリカ社会は、賭博の熱病に冒されて社会的有用労働を忘れた社会に変貌してしまったのである。

③「世界的カネ余り」に関する現象論的諸見解

ここで、貨幣資本の過剰化、俗にいう「世界的カネ余り」がなぜ生じたのか、ということについての現象論的諸見解を批判しておきたい。

一つは、オイルマネー源泉論である。

一九七三年のオイルショックは、自動車を中心とする耐久消費財産業の過剰生産が、原油価格の上昇を契機に顕在化した事件であった。オイルマネーは、耐久消費財産業において過剰化した貨幣資本が、産油国に集積して現れたものである。そしてこのオイルマネーの少なからぬ部分が、ニユーヨークの商業銀行へと還流し、投機マネーとして徘徊しだしたのである。

「世界的カネ余り」の原因をオイルマネーに求める見解が問題なのは、オイルマネー発生の背後にある耐久消費財産業の過剰生産時代（＝産業総体の慢性的過剰生産時代）への突入を覆い隠しているからである。過剰貨幣資本を吸収する広々とした新たな投資領域が、実体経済において最早存在しないという歴史的到達地平を覆い隠しているのである。

二つは、新興国の外貨準備源泉論である。

最近の新興国における高い外貨準備高は、アメリカにおける巨大投機マネーに牽引された消費三昧経済と新興国の産業発展という構図がつくりだした現象である。問題は、新興国の高い外貨準備高が、アメリカ財務省証券の購入等を通してアメリカへと還流しながら、実体経済に再投資されずに投機マネー化していることにある。それは、アメリカが、産業の成熟（市場の飽和）を深めていることの結果なのである。新興国の外貨準備源泉論も、オイルマネー源泉論と同じく、貨幣資本の過剰、投機マネー肥大化の真の根拠を覆い隠すものとなっているのだ。

三つは、金・ドル交換停止、変動相場制移行によるドル垂れ流し原因論である。

アメリカが、一九七一年の金・ドル交換停止と変動相場制移行とによって、金の制約から解放されたドル紙幣を使って世界からモノを輸入しまくるため、「世界的カネ余り」が生じたのだという見解である。これも誤りである。

産業が若々しく、勢いよく発展している時代においては、貨幣資本の過剰は基本的に現れない。理由は簡単なことである。貨幣資本は、産業資本の蓄積運動の中に、その不可欠の構成部分として機能し続けるからである。この状況では、たとえ不換紙幣を大量発行しても、貨幣価値が低下するか、貨幣の流通速度が遅くなるだけだろう。機械制大工業の発展時代には、賃労働の搾取の方が、博打による一攫千金より確実で、儲けが大きかったということである。

今日のアメリカは、産業成熟時代にあるだけでなく、多くの産業部門を海外に移転・依存するようになっている。他方新興国は、工業化の真只中にある。この不均衡が、「ドルの垂れ流し」を生み出しているのである。問題は、垂れ流されたドルが新興国おいてさえ生産資本に変態され切らずに、アメリカに還流して投機マネーの肥大化を増幅しているところにあるのだ。原因は、産業の成熟が世界史的な事態であり趨勢だということにある。

ドルの垂れ流しが、「世界的カネ余り」（貨幣資本の過剰と投機マネーの肥大化）の根拠というわけでは全くないのだ。

四つは、金利政策原因論である。

低金利政策は、投資家の資金需要を高め過剰貨幣資本の流動化を促すという意味で、「世界的カネ余り」を顕在化させる条件になりうる。しかしその場合、保蔵されている大量の過剰貨幣資本が前提的に存在していなければならない。また、全般的な過剰生産状態も存在していなければならない。そうでなければ、どんな低金利も「世界的なカネ余り」を生みださないであろう。

高金利政策も、「世界的カネ余り」の条件になっておかしくない。この場合は、投資家への資金供給圧力を高める仕方で、過剰貨幣資本を流動化させるからである。実際、〇八年金融バブル崩壊に至る過程では、アメリカの高金利政策が、海外からの資金供給を高め、「世界的カネ余り」を顕在化させた。その前提に、膨大な過剰貨幣資本と全般的な過剰生産状態があった。

金利政策は、「世界的なカネ余り」にとって、それを顕在化させる条件にはなるが、その根拠とは言えないものである。

④投機マネーの規模

今日の投機マネーの増大は、一時的なものではない。産業の成熟（市場の飽和）、地球環境限界への逢着、高次の欲求の増大によって、貨幣資本のますます大きな部分が生産・流通資本へと変態できずに過剰となって滞留し、自己増殖欲求に駆られてマネーゲームへと向かったものである。過剰貨幣資本は、さしあたり企業内部留保、預金、年金基金、財団基金、個人資産などの形態で、あるいはオイルマネー、外貨準備などの形態で、それらの内に含まれて蓄積される。そうした過剰貨幣資本は、各々が直接にインターネットなどを介して、あるいは証券会社、投資銀行、ヘッジファンドなどに資金の運用を委託する形で、マネーゲームの渦の中に身を投げ入れられていくのである。

投機マネーは近年急激に膨張した。その規模については、ヘッジファンド、保険会社、企業、銀行などが各々の資金を相互に運用している部分もあって調査機関も正確に把握できていないようだが、おおよその見当をつける数字は出ている。

世界の金融資産は、二〇〇六年には一六七兆ドルに達した（コンサルタント会社マッキンゼー調べ）。今日、すべての金融資産が世界的規模で展開される投機の荒波の中に不可避的に投げ込まれ、積極的にせよ消極的にせよ価値変動への対処を迫られている。

その中で、最も投機的なことで名の知れたヘッジファンドの運用資産規模は、二〇〇六年末で一兆五七〇〇億ドル（ヘッジファンド・リサーチ調べ）。日米欧など主要一七カ国の保険会社、年金、投資信託の資産規模は、二〇〇五年末で、それぞれ一八兆六〇〇〇億ドル、一四兆一〇〇〇億ドル、一七兆八〇〇〇億ドルの計五〇兆六〇〇〇億ドル弱（ＢＩＳ＝国際決済銀行調べ）。

世界の主要市場での二〇〇七年四月における一営業日平均取引高を見ると、外為取引が三兆二一〇〇億ドル、関連デリバティブ取引が二兆三二〇〇億ドル、合計五兆五三〇〇億ドルである（ＢＩＳ）。一年間（二五〇営業日として）に換算と、約一三八〇兆ドルが動いたことになる。二〇〇六年一年間のモノ・サービスの貿易額一一兆九〇〇〇億ドル（ジェトロ推計）の一一六倍である。これは、国際的な為替取引のほとんどが、投機的なものになっていることを示している。

ちなみに二〇〇七年のＧＤＰ（国内総生産）は、世界の総計が五四・三兆ドル、ＥＵが一六・八兆ドル、アメリカが一三・八兆ドル、日本が四・四兆ドルであった。一昔前には、投機マネーが、多くの発展途上国のＧＤＰを凌駕する規模になったということで、それら一国の経済を破壊してしまう脅威として指摘された。今や投機マネーは、超大国アメリカのＧＤＰをも超え、世界経済全体を恐慌に叩き込む力をもつようになっているのである。

［2］貨幣資本過剰時代の資本の諸形態

貨幣資本過剰時代の到来は、資本の在り方に次のような変化をもたらした。

第一に、資本のグローバル化。第二に、商品の過剰付加価値化とあらゆる対象への商品化圧力。第三に、資本にとって適合困難な領域への浸透。第四に、国営事業および一部国家機構の民営化。第五に、資本相互の競争のゼロサムゲーム化。第六に、剰余労働搾取の余地の食い尽くし。第七に、産業資本の内部留保の肥大化とマネーゲームへの参入、である。

①資本のグローバル化

過剰化した貨幣資本が向かう先の一つは、これまでもそうだったように世界市場である。しかしこの場合は、かつてのそれとは異なる特徴を有している。

そもそも、資本主義は世界市場を前提として発達してきたのであるから、グローバル化の傾向をはじめから有していたとも言える。あるいは、第二次大戦後、アメリカ帝国主義が他の帝国主義諸国を一定統制・支配する国際反革命同盟体制の下で、米・欧・日の巨大産業資本が、自国市場を含むかつての勢力圏を超えて相互乗り入れし、多国籍企業という世界的な搾取体系を発達させたこともグローバル化であるに違いない。しかしここで言う「グローバル化」は、それらと区別された最新の現象である。

この「グローバル化」が世界的現象として現れてくるのには、次の三つの契機があった。

第一は七〇年代初頭、超大国アメリカにおいて、産業の成熟（市場の飽和）とその結果生じる貨幣資本の過剰化・投機マネーの増大が、石油ショックによって顕在化したことである。アメリカでは、自動車・家電などの耐久消費財産業までもが慢性的な過剰生産に陥り、貨幣資本の過剰化・投機マネー化がコンピューター・ネットワークの整備と並行して進行する時代に入るのである。

第二は八〇年代初頭、超大国アメリカにおける国家政策が、耐久消費財産業資本を支えてきたケインズ主義政策から投機マネーの略奪的肥大化運動を支える新自由主義政策へと転換したことである。これによって過剰貨幣資本の膨張とその投機マネーへ転化が促進された。

第三は九〇年代初頭、ソ連が崩壊して冷戦が終わり、資本の自己増殖運動に対する国家的規制を世界的規模で大幅に緩和する道が開かれたことである。

すなわち唯一の超大国となったアメリカが、西欧・日本を含めた全世界に対して、規制緩和・単一市場化への同調を強要するようになったことである。その下で、巨大投機マネーのグローバルな運動が発展・定着し、投機マネー経済の諸国実体経済に対する支配的地位が形成される。投機マネーに対する国家による統制が困難となり、投機マネーによって国家が翻弄されるようになる。

資本のグローバル化は、かつてそうであったような産業資本に基盤を置いた国際展開ではない。それは、過剰化した貨幣資本が自己増殖運動を継続するため、基本的に投機マネーの形態でグローバル展開することに特徴がある。そこでは産業的なグローバル展開は、次第に副次的となっていかずにいない。

とはいえ資本のグローバル化は、とりあえずは産業発展（産業構造の高度化）の波を周辺化させながら進行する。資本は、産業的発展の残存する可能性をグローバルな規模で食い尽くす過程に入っているということである。この過程と並行して、投機マネーがグローバルな規模で略奪活動を展開するのである。投機マネーの運動は、新たな富を生み出さない、既存の富の略奪運動である。それは、世界的規模で社会を荒廃させずにいない。

②商品の過剰付加価値化と過剰消費の扇動

この時代の資本は、市場を無理に拡張する仕方で、自己増殖運動を継続しようとする。その最初の行動が、商品の過剰付加価値化と過剰消費の扇動である。

(i)商品の過剰付加価値化

資本は、常に新たな投資先を開拓し、永遠に自己増殖運動を継続していかねばならない。しかし産業が成熟した条件下では、もはや新産業の勃興という道は閉ざされている。市場が飽和した条件の下では、技術の発達とともに進行する商品価値の低下を販売量の増大でカバーすることが極めて困難になる。

もちろん個別資本的には、安売り競争を仕掛けて限られた市場を再分割し、商品価値の低下を販売量の増大でカバーすることは可能である。現にそれは、後に見るように、この時代の資本の特徴的な行動形態の一つではある。しかしそれは、市場が飽和した条件の下では、資本の間での共食いを激化させる行為でしかない。

そこでこの時代の資本は、他方で、既存商品への付加価値を必要以上に高め、商品価値の低下を押し止めることで、自己増殖運動の破綻を食い止めようとする。これが、今日進行する既存商品の多機能化・高機能化の主要な根拠に他ならない。

しかしこのやり方も、その目的が達せられるのは、多機能化・高機能化が人々の物質的欲求と購買力の範囲内においてである。このやり方は、多機能化・高機能化がこの範囲を越えて過剰化した地点で破綻し始める。

(ii)過剰消費の扇動

過剰消費を扇動する傾向は、自己増殖を至上目的とする資本にとって、不可避的特徴ではある。これが、産業の成熟・市場の飽和という条件の下で、全社会的に過熱化する。大量生産・大量消費・大量廃棄が肥大化し、地球環境破壊、ゴミ処理の困難化、使い捨ての蔓延、精神的退廃などによって社会が存立を脅かされる事態となってゆく。

過剰消費も永遠に拡大できるものではない。過剰消費の拡大は、人々の物質的欲求と購買力の限度に突き当たるや、あるいは社会の存立が危うくなるや、破綻し始める。

③資本にとって適合困難な領域への浸透

既存商品の付加価値を高める仕方、過剰消費を煽る仕方だけでは、資本の自己増殖運動を維持することはできない。これまで産業が過剰生産に陥った際に、資本の自己増殖運動の継続に道を開いたのは、結局は新産業の勃興だった。資本は、産業が成熟し、モノの生産領域において新産業が望めないこの時代においても、新規投資領域の開拓に突進せずにはいないのである。

だが今日発展しつつある新たな領域は、相互信頼関係を基盤にした「贈与」原則によってこそよく機能する情報通信ネットワークや人間（関係性）の豊かさが求められる相互扶助的生活領域である。これらは、「等価交換」原則によって機能する市場や、剰余労働の搾取を目的する一つの支配・隷属システムである資本主義のやり方では本質的に発展させえない領域なのだ。そこは、市場と資本にとって、限界が露呈する場とならざるを得ない。

商品は、労働生産物が交換の渦中（市場）においてとる社会的形態であった。労働生産物は、使用価値がなければ商品となりえないが、使用価値はあくまで必要条件に過ぎない。使用価値を有する労働生産物が商品となるのは、交換価値をも有する場合である。商品は、交換に媒介されて初めて、社会的意味を獲得するのである。市場経済社会において交換価値が支配的価値となる所以である。

社会は、商品経済が発達するとともに、人と人の関係が、商品と商品の関係（金銭関係）へと転倒され切り縮められた社会に転変する。このような社会の在り方は、物質的豊かさの実現を目標とする時代には適していた。その最高形態が資本主義社会である。資本主義は、利潤目的のための生産に、労働力を商品として販売することを余儀なくされた大多数の人々が動員されるシステムだからである。

資本主義の発達は、商品交換の発展（世界市場＝国際分業）が前提条件であった。そこにおける人々の関心は、商品の生産に必要とされる労働時間に見合った交換価値の実現である。お互いに騙されまいとする闘争があり、その闘争を通して、お互いが納得する商取引、権利・義務の合意へと至るのである。

相互の不信と競争を媒介に交換価値の実現に至ることを良とするこうした価値観と制度は、商取引や権利・義務の合意（契約）の履行に関する利害関係を媒介にした「信頼」を生み出しはしても、相互扶助の発展に必要な無媒介的・直接的な信頼関係の構築を根底のところで否定するものである。また資本主義は、機械制大工業をテコに、構想（精神労働）と実行（筋肉労働）の分離、労働の細分化・無内容化を実現し、資本の労働に対する専制支配を打ち固めた。市場関係も資本関係も、相互の直接的な信頼に依拠するものではなく、結局は外的な強制力（窮極的には国家権力）に依存するものである。

しかし資本主義に牽引されて、ついに今日産業が成熟（市場が飽和）し、地球環境限界に逢着した。そして人々の欲求の基軸が、物質的豊かさの実現から人間（関係性）の豊かさの実現へと位相転換した。

人間（関係性）の豊かさの実現欲求が高まる中で、育児・教育、保健・医療、介護・福祉、環境保護などの相互扶助が社会の基幹的活動になってゆく。資本蓄積のための労働力再生産というブルジョア社会の目的に縛られながらも……。

相互扶助活動においては、労働手段（資本）は副次的要素であり、人間が主要な要素である。相互信頼を構築して豊かな関係性を創造してゆくことのできる人間が必要とされる。労働手段の私的所有が、労働者を隷属させる手段として機能しなくなっていく。

必然的に、人と人の直接的なヨコにつながるネットワークが地域で広がっていく。

しかし資本は、その自己増殖運動を維持するためには、これからの社会の基幹となるこれらの社会領域に参入していかずにいない。このために国家はこの間、学習・教育・就労および生活の支援事業の大きな部分を民営化・規制緩和して、過剰貨幣資本の前に提供してきている。

これらの事業は、直接的に人間による人間のための事業である。したがって、それらの事業は、利潤のためのシステム・一つの奴隷制である資本主義の仕方で組織することには無理がある。そうであるにもかかわらず、こうした領域を過剰貨幣資本に委ねていかねばならなくなっているのである。その結果、社会は崩壊の危険に晒されることになる。

過剰貨幣資本のこの領域への浸透は、本質的な限界に突き当たる。そして過剰化する貨幣資本のますます大きな部分が、社会活動を組織する役割を果たすことができず、投機マネーに転化してゆくのである。

④国営事業および一部国家機構の民営化

この間多くの国で、公共性が重視され国営形態をとってきた電気通信、交通運輸、上下水道などの社会的インフラ整備・保全事業が、次々と「民営化」され、飢えた資本（過剰貨幣資本）の前に提供されてきた。

社会的インフラは、莫大な固定費のかかる事業である。また公共性が高いことも事実であり、その分規制も強い。資本には、儲け商売として割に合わないとみなされてきた。だから、国家に作らせ運営させてきたのである。

しかし今や資本は、貨幣資本の過剰が深刻化したため、熟れた果実を超安値で収穫したわけである。国家資産の略奪である。

また、当面、固定費は節約できる、人員削減・労働強化で利益を拡大できる、開発費は国家に補助させることができる、と算盤をはじいたわけである。投機マネーの支配的影響下、「当面」の利益のために、事業自体が犠牲にされる構造が組み込まれてしまっているのである。

またこの間、軍隊、警察、刑務所および徴税組織という国家の核心機構さえも、部分的に民営化され、過剰貨幣資本の前に提供されてきた。

そもそも国家は、階級対立の非和解性の産物である。支配階級の特殊利益を擁護して被支配階級の反抗を抑圧するとともに、階級対立に引き裂かれた社会を統合する役割を負っている。国家の対外関係も、そうした政治の継続に他ならない。

こうした国家の機能を、資本が直接に営利目的で担うことは、国家の政治的統合機能を掘り崩し、対外的にも政治的制御を損なわせる原因になる。一つの末期症状である。

⑤資本相互の弱肉強食ゼロサムゲーム

産業が成熟し市場が飽和すると、資本の相互間で競争が激化する。それは、弱肉強食のゼロサムゲームとなる。

「資本のグローバル化」「商品の過剰付加価値化と過剰消費の扇動」「資本にとって適合困難な領域への浸透」「国営事業及び一部国家機構の民営化」は主として、産業の成熟と市場の飽和という条件の下で、無理に市場を拡大する仕方で、資本の自己増殖運動を継続しようとするものである。これに対してここで扱う「資本相互の弱肉強食ゼロサムゲーム」は、拡大がない市場の争奪戦であり、これに勝ち抜くことで資本の自己増殖運動を維持しようとするものである。

それは容赦なき戦いとなる。今日の資本の自己増殖運動においては、無理矢理的な市場拡大と並んで、この弱肉強食ゼロサムゲームの側面が、強まっていくのである。

これが世に言う「大競争時代」の本質である。「大競争時代」が「グローバル化」と結び付けられて語られるのは、産業の成熟と市場の飽和が世界史的事態だからである。世界単一市場化一般が、「大競争時代」をもたらすわけではない。

弱肉強食のゼロサムゲームには、以下のような諸形態がある。

一つは、限られた資源の奪い合いである。二つは、既存の販売市場の奪い合いである。三つは、既存の資本の奪い合い（吸収・合併）である。

⑥労働者階級からの略奪

産業資本は、産業の成熟と市場の飽和という条件の下では、拡大再生産をすることができない。資本は、大競争時代の中で有機的構成の高度化を強制されるから、投下資本（不変資本プラス可変資本）に対する剰余価値の比率である利潤率の傾向的低下の淵に沈んでゆく。理論的・将来的には、剰余価値の絶対量さえも減少することが予想される。新興国や発展途上国が産業発展・市場拡大期にあるなどの要因によって、まだそこまでには至っていないが……。

現実の資本家たちにとっては、既に利潤率の傾向的低下が大問題である。そこで前述した資本相互の弱肉強食ゼロサムゲームも激化するわけだが、それと同時に資本は、労働の搾取度を強め、利潤率の低下を押し止めようとする。

賃金は、労働力の需給の変動によって上下するも、労働力の再生産費のレベルに収斂した。それは、商品の価値変動が、その商品の生産に要する社会的費用（労働時間）に収斂するという法則の内に含まれる。産業の発展時代には、賃金は基本的には上昇し、労働者の物質的生活が豊かになる趨勢にあった。労働者階級全体を資本のくびきに縛り付け、賃金水準を押し下げる役割を負わされ、就労の不安定と生活の困窮を強制された労働者階級の相対的過剰人口層も、好況期には生産過程に吸収されたのだった。

しかし資本は、産業が成熟し市場が飽和するとともに、その一定部分を貨幣形態で実体経済から遊離させて投機マネーに転化してゆき、その対極に資本にとって絶対的に過剰な人口部分を生み出すようになる。この人口部分の形成は、とりあえずは、労働者階級全体を資本のくびきにしばり付け・賃金水準を押し下げる役割を負わされた相対的過剰人口の「過剰化」として現れる。それは、産業発展時代と比較して、労働者の状態の「度を過ぎた」悪化をもたらす。

また資本は、産業が成熟し市場が飽和する中で、生産・流通システムのグローバル化（工場の海外移転）を加速し、国内の失業・半失業人口の増大を促進する。そうすることで資本は、労働強化と賃金引き下げへの圧力を強める。それは、失業・半失業労働者の状態の「度の過ぎた」悪化を加速し、就労労働者に対する反社会的な略奪的搾取に広く道を開いた。

もとより資本にとって、この道も袋小路である。資本にとって絶対的に過剰な（つまり資本主義社会では生きてゆけない）人口部分の形成なり、生存を否定する働き方や賃金水準のシステム的強要は、政治的限度に突き当たらざるを得ないからである。

⑦産業資本の投機マネーへの転変

産業資本は、産業が成熟し市場が飽和すると共に、新規投資領域を失っていく。その結果、つぎの二つのことが生じる。

一つは、取得された剰余価値が、貨幣資本から生産・流通資本に変態できず、過剰化して滞留してゆくことである。剰余価値から株主や会社役員の取り分などを差し引いた内部留保の内にこれが含まれ、膨張してゆく。株主や会社役員の取り分も、産業資本として再投資する道が塞がれているため、過剰貨幣として滞留せざるを得ない。

もう一つは、既存の生産・流通資本も、過剰貨幣資本に転化してゆくことである。既存の生産・流通資本は、周期的に更新されねばならない。更新は、旧式の技術レベルではなく、基本的に最新の技術レベルで為される。市場が飽和している条件の下では、個々の資本は、生産手段への投下部分を中心に、より大きな規模を必要とするにしても、資本総体は、より小さな規模で需要を賄うだけの商品を生産できるようになる。資本は過剰となり、弱小資本が淘汰される。資本の過剰分が貨幣形態で産業領域から遊離し、金融機関などに滞留する。

しかし、こうして滞留した過剰貨幣資本は、長くその形態に留まることはない。有価証券などの金融資産あるいは土地・金・ガソリンなどの現物に形を変転させながら、投機マネーとしての運動を始めるのである。資本は、常に自己増殖を要求されるからである。

そうした中で産業資本は、内部留保の投機マネー的運用によって、産業領域における利潤率の低下をカバーする方向にますます陥っていくのである。

［3］投機マネーのヘゲモニーの確立

①賭博場としての金融市場の整備

投機マネーの傾向的増大は、今日の資本主義の本質的特徴である。この投機マネーがヘゲモニーを確立する上で不可欠なのが、世界的規模での金融市場の整備である。この場合金融市場は、もはや産業のための融資を主要な目的とする場ではない。それは、投機マネーに提供する賭博の場である。賭博場としての金融市場の整備があってはじめて、投機マネーのヘゲモニーが確立するのである。

かつて金融は、軽工業を基幹産業とするイギリス産業革命の時代（一七六〇年～一八二〇年）には、産業資本を補助するものであった。機械制大工業が欧州大陸部、北米、さらには日本へと広がり、重化学工業の時代（一八七〇年～）に入ると、金融は様相を変える。それは、途方もなく集積・集中した生産、発達した独占的大企業の拡大再生産にとって、社会の遊休資金を大量的に集めてその運動に資する金融が、飛躍的に重要になったことによる。すなわち一方では、株式市場が発達し、産業資本はこの市場から直接、自己資金を調達するようになる。大企業のほとんどは株式会社になった。他方で産業資本は、銀行に集められた預金を銀行から借りる形で調達して賄う資本部分も膨張させた。独占的な巨大銀行が誕生する。銀行は、預金のますます大きな部分を産業に固定するとともに産業に対する支配を強化し、その傘下に企業集団を形作った。産業革命以来の資本主義社会における金融は、いずれにせよ基本的に産業資本への融資であった。

しかし一九七〇年初頭以降の「金融」は、それとは似て非なる物になっている。貨幣資本のますます大きな部分が生産過程から遊離し過剰化した。過剰貨幣資本は、投機マネーとして、金融市場に滔々と流れ込んだ。金融市場は、そうした投機マネーの賭博場に変わってしまったのである。

その間、世界的規模で金融市場の整備が推進されてきた。金融市場の整備とは、賭博場としての整備に他ならない。それは、アメリカ系巨大投機マネーが諸国の富を掠め取る自由を保障する制度整備として、ハード・ソフトの強制力をもって実現された。

「金融資本が自由に国境を越えて動けるのであれば、いずれかの政府がそれを課税したり規制したりすることは、とても困難になる。課税・規制されそうになった資金は、よその国に逃げてしまうからだ。おかげで、各国政府としては、自国民よりも国際金融資本の要請を重視しなければならないことも、しばしばだろう。国際金融資本が特権的な位置に立ったことになるわけで、金融市場のグローバル化が市場原理主義者の目的によく合致していたのも当然だと思われる。このプロセスは、一九七三年のオイルショックの後で誕生した大量のオイルマネーを、アメリカの大銀行を経由して世界にばらまくメカニズムに端を発しており、レーガン＝サッチャー時代に明らかに加速している。

だが、金融のグローバル化は進展しても、市場原理主義の教義にあるように、市場が世界中の誰にとっても公平な競争の機会を提供することはなかった。国際金融システムは、先進諸国の金融当局の牛耳るところとなっている。先進諸国の金融当局は、『ワシントン・コンセンサス』と呼ばれる厳しい市場的規範を個々の国に押し付けた。たとえば途上国で国内企業が倒産したり、銀行が破綻したりしようとも、その途上国の政府が救済を実施することには難色を示す。ところが、国際金融システム（それは多くの場合、アメリカを中心とする先進諸国の金融業界そのものである）が危機に陥れば、先進諸国政府は、ためらうことなくワシントン・コンセンサスを棚上げしてしまう。ＩＭＦ（国際通貨基金）でも世界銀行（国際復興開発銀行）でも、アメリカの利害が他国に対して優先されるというのが国際金融システムの実態なのだ」（ジョージ・ソロス『ソロスは警告する』徳川家広訳、講談社、一五二頁）

一九九六年、日本も「金融ビッグバン」と称して金融自由化へと動き出す。その三原則は「フリー、フェア、グローバル」。市場原理が働く自由な市場、ルールに基づく透明で信頼できる市場、国際基準（アメリカン・スタンダード）に則した開かれた市場である。それまでの日本の金融システムは、金融行政の監督の下（フリーでない）、少数の財閥系大銀行を軸にメインバンクが傘下企業を監督する（フェアではない）という構造を柱に据え、海外市場とは異なった（グローバルでない）独自のシステムを形成してきた。もっともこのような日本の金融システムは、多かれ少なかれ、重化学工業化の時代には欧米においても一般的であったものである。だがこれでは、投機マネーの時代に入ったアメリカの要求に応えられないし、日本の資本の投機マネー化に備えられない。国際的賭博場として日本の金融市場を興すには、アメリカン・スタンダードを受け入れる形で、フリーとフェアを実現し、一般の人々の膨大な貯蓄を金融市場に吐き出させることができなければならない。日本の支配層は、大蔵省（現在の財務省）から独立した専門の金融監視体制を発足させ（一九九八年）、インサイダー取引に代表される不公正取引を次々摘発して見せ、インターネットをつかって個人がゲーム感覚で株取引に参加できるようにし、預金の保証を全額から一〇〇〇万円までと引き下げつつ投機熱を大々的に煽って株取引への貯蓄吐き出しを誘導した。

このようなことが、先進諸国を中心にグローバルな規模で進行した。「金融市場」が投機マネーの賭博場としてグローバルな規模で整備されることによって、投機マネーは資本主義世界でそのヘゲモニーを確立したのである。

②ケインズ主義の一掃

投機マネーのヘゲモニーの確立は、国家の在り方の転換を必要とした。ケインズ主義的な「大きな政府」から、市場原理主義的な「小さな政府」への転換である。

資本がこの転換を必要とした根拠の第一は、ケインズ主義が資本の自己増殖運動にとって最早促進剤ではなくなったことである。

第二次世界大戦後の資本主義経済を牽引したのは自動車・家電に代表される耐久消費財産業であった。この産業は、自動車専用道路建設など社会的インフラ整備政策（公共事業）や個別家族生活の物質的豊かさを促進する福祉政策に支えられて、急速に発展したのだった。だが今日では、耐久消費財産業が成熟産業化（市場が飽和）したことによって、公共事業や福祉政策が資本の自己増殖運動にほとんど寄与しなくなっている。公共事業や福祉政策の拡大構造は、財政赤字増大の大きな要因に転化した。公共事業は、環境破壊や利権の側面が前面に出てくるようになった。

資本がこの転換を必要とした根拠の第二は、産業総体の成熟によって新産業を見い出せなくなった資本が、深刻な過剰化過程に入ったことにある。

過剰化する資本は、投機マネー化と並行して、これまで資本の利殖活動に適さないと考えられてきた領域を食い尽すことにも貪欲にならざるを得ない。その一環として、国家に委ねてきた・公共性の高い諸領域を新規投資領域として提供させたわけである。教育、介護、医療、福祉などの公共的な領域、道路や上下水道などの社会的インフラの領域などの「民営化」である。さらには、軍事、警察、拘置、徴税といった国家の基幹機能まで、資本のためにできるだけ提供させようとする。

（公共の破壊、国家の私物化）

資本がこの転換を必要とした根拠の第三は、マネーゲーム資本主義の発展にとって、転換が必要だからに他ならない。

国家は、ケインズ主義的な利益誘導型・所得再配分型の場合、国家機構と個別資本の相対的に強い癒着関係を伴わずにはおかない。そうした癒着関係は、公平性が問われる金融市場（賭博場）の監視を担う国家の在り方として好ましくない。またそうした癒着関係は、金融市場に投資家を引き寄せるために投資対象の不透明性をできるだけ払拭（情報公開）しなければならない国家の在り方としても、好ましくない。そうしたことは、資本と会計監査機関や格付け会社との関係においても言える。癒着関係は、マネーゲーム資本主義の発展にとって妨げなのであり、その意味で投機マネーは「小さな政府」を求めるのである。

もっとも、「小さな政府」とは以上三点限りでのことである。マネーゲーム資本主義は、軍隊・警察・刑務所については、ケインズ主義的統治に比べてはるかに「大きな政府」を必要とする。それというのも、投機マネーの略奪的膨張運動は、社会を破壊していくことで成り立つ運動だからである。後始末（治安維持）は、国家の役割というわけだ。

このような国家の再編成は、一九七九年のイギリス・サッチャー政権、一九八〇年のアメリカ・レーガン政権の登場によって、本格的に展開し世界的に波及していった。ケインズ主義派と市場原理主義派の国家権力をめぐる激闘、そして後者の政治的勝利が、マネーゲーム資本主義の全面展開を決定付けたのだった。

③資本内部の力関係の変動

投機マネーのヘゲモニーの確立は、以上のように、グローバルな賭博場の整備とケインズ主義的統治システムの解体の中で実現された。それらは極めて政治がらみに展開されたので、衆目を集める中で実現されたわけだが、条件整備でしかないとも言える事柄であった。欠落させてならないのは、条件整備と連動して進行した・資本内部における産業資本総体に対する投機マネーのヘゲモニーの確立である。

第一は、投機マネー（過剰貨幣資本）の膨張とその巨大さによるヘゲモニーの確立である。資本の運動には、「足るを知る」ということはない。「足るを知る」というのは、有用性の世界のことである。満腹したら、それ以上の飯は断ることになる。しかし、価値（お金）への欲望には際限がない。資本の運動は、限度のない自己増殖運動なのである。

ところが、産業が成熟し、地球環境崩壊の危険が高まり、高次の欲求が増大する中で、過剰化する貨幣資本を吸収する領域が消滅してゆき、過剰貨幣資本が途方もなく肥大化しだした。モノの生産領域に緊縛されつづける資本に比して、過剰貨幣資本の比率が急速に高まりだしたわけである。当然、この貨幣資本を遊ばしておくわけにはいかない、という圧力が強まる。この強まる圧力が、過剰貨幣資本の投機マネーへの転化とそのヘゲモニーの確立をもたらしたのである。

いまや、巨大化した投機マネーの前では、大企業さえも単なる投機の対象として扱われ、株価暴落、買い叩き・売り飛ばしの危険に怯える時代になっているのである。

第二は、投機マネーのヘゲモニーの確立を背景に、格付け会社がこれを制度化し打ち固めたことである。

格付け会社とは、債券などの元本及び利息を、発行体（企業、政府、自治体）が期日までに予定通り支払えるかどうかの見通しを、簡単な記号で評価する会社。格付け会社の評価は、「Ａａａ」「ＡＡＡ」などの記号で公表され、投資家が債券などへの投資を行う際の参考データとなり、株価にも影響を与える。格付け会社としては、ムーディーズとスタンダード・アンド・プアーズ（Ｓ＆Ｐ）が有名である。

以下は、格付け会社の格付けが、大企業の経営を左右した一例である。

「一九九一年末、GMが四五億ドルもの巨額の営業損失を発表した。これを受けて九二年、ムーディーズはGMの格下げを発表した。この格下げの発表が、GM会長のロバート・ステンベルの背を押して、厳しいリストラに踏み切らせた。ステンベルは、二一の工場閉鎖と七万四千人もの人員整理をすると公表した。これは、資金調達を増やす必要に駆られたGMが、格付けの低下による資金調達コストの上昇を危惧した措置であった。

S&Pは、ムーディーズより遅れてその年の三月に格付けの引き下げを発表した。GMのリストラ計画が生ぬるいとS&Pは判断したのである。……一一月、S&PはGMが新機軸を打ち出さない限り、格付けをジャンクボンド並みにさらに引き下げると警告を発し、翌九三年、実際に引き下げた。……

こうした格付けの引き下げによって、GMの金融子会社である『GMアクセプタンス・コーポレーション』はCP(コマーシャル・ペーパー=信用力のある大企業がオープン市場から短期資金を調達するための無担保の割引約束手形)の発行ができなくなってしまった」(本山美彦『金融権力』岩波新書、四〇頁)

第三は、従来の産業的大企業もが、半ば投機マネーの運動の担い手になっていったことである。産業の成熟(市場の飽和)は、利潤率を傾向的に低落させ極小化させていく。そのため産業的大企業は、マネーゲームによる利益に頼るようになっていくのである。

アメリカでは、一九七〇年代には、大企業がますます金融取引に精を出すようになり、自動車産業のような生産活動に従事していた場合でさえもそうなっていった。一九八〇年あたりからは、企業がモノの生産・販売活動で出した赤字を金融操作（貸し付けや保険業といった通常のものから、乱高下する通貨や先物市場への投機に至るまでのあらゆる金融取引）で得られた収益で穴埋めすることも珍しくなくなった。

産業的企業の内部における投機マネーのへゲモニーの確立は、経営者個人の投機資本家化という形でも現れる。産業的大企業の経営者への支払いに自社株購入権を当てることで、経営者の関心を、産業的企業の生産活動にではなく株価へと向かうようにさせているのである。

今日の企業が、当面の株価維持のために、短期的に利潤を拡大できる人員削減・長時間労働・賃下げなど労働者に犠牲を強いる方法に頼るのは、こうしたことの結果である。

④若干の理論的整理

(i)一九世紀末の「金融資本」との違い

金融資本という語がある。今日の投機マネーがそう呼称される場合も少なくない。それゆえ、一九世紀末以来使われてきた「金融資本」と今日の投機マネーの違いを整理しておくのも無駄ではないだろう。

一九世紀末に現れた「金融資本」については、レーニンが「帝国主義論」で次のように定式化している。

「生産の集積、そこから発生する独占、銀行と産業との融合あるいは癒着——これが金融資本の発生史であり、金融資本の概念の内容である」（岩波文庫、七八頁）と。

かの時代の「金融資本」は、「生産の集積」に立脚していたのである。当時で言えば重化学工業化の過程に、その後、耐久消費財産業化の過程に立脚していたのである。巨大化する産業資本の運動に対応する必要から、独占的な巨大銀行の金融的役割と地位が高まったのである。

「投機マネー」のヘゲモニーの確立は、こうした「金融資本」時代の終わりを意味する。銀行は産業と融合した在り方からの転換を迫られ、投機マネーの一拠出主体として、証券、信託、損保、年金基金、企業などと並んだ。産業にたずさわる巨大企業も、内部に過剰貨幣資本を蓄積し、生産者であると同時に投機マネーの拠出主体となった。

(ii)「投機マネーのヘゲモニーの確立」軽視の落とし穴

デヴィッド・ハーヴェイは、「投機マネーのヘゲモニーの確立」を「階級権力の回復」に解消し、次のように語る。

「今日、富や権力は、資本主義の上層部に途方もなく集中しており、これは、一九二〇年代以降初めて見られる事態なのだ。世界の主要な金融センターへの剰余金の流入量は実に驚くべきものだ。しかし、さらに驚くべきは、この全てを新自由主義化の単なる副産物－たとえ場合によっては不幸な副産物だとされていても－とみなす傾向が存在することである。このこと（富や権力の集中）こそが新自由主義化の本質であり、その根本的核心であったかもしれないという考えは－たとえその可能性だけでも－思いつきもしないようだ」（デヴィッド・ハーヴェイ『新自由主義』渡辺治・監訳、作品社、一六四頁）と。

ハーヴェイは「階級権力の回復」「富と権力の集中」を強調する。だがそれならば、マルクスも「資本の蓄積」を語り、レーニンも「資本の集積・集中」「独占の発展」を強調しており、そうした産業資本の拡大再生産の延長として現代を描いているに過ぎないということである。

しかし起こっていることは、「階級権力の回復」「富と権力の集中」一般ではない。投機マネーのヘゲモニーの確立なのである。

投機マネーのヘゲモニーの確立を軽視することが、なんでまずいのか。それは、資本主義が機械制大工業の発展の推進という歴史的役割を終えた結果、投機マネーを膨張させ、そのヘゲモニーの確立へと至った事実を覆い隠すからである。

「新自由主義」の猛威は、資本主義が歴史的役割を終えた結果なのである。産業の成熟、地球環境限界への逢着、人間（関係性）の豊かさへの欲求の増大という人間の時代への三つの契機が形成されてきている。ハーヴェイの「階級権力の回復」「富と権力の集中」は、このことを覆い隠す役割を果たしてしまうのである。

［4］投機マネーの膨張とバブル

今日、資本は、産業の成熟（市場の飽和）によって、ますます新規投資領域を見い出せなくなっている。このため貨幣資本が過剰化し、投機マネーに転化しているのである。

いうまでもなく投機マネーの自己増殖運動は、マネーゲームによるカネ儲けということである。それ自身は、社会的富を全く増やさない。それは、既存の社会的富の略奪行為に過ぎない。しかも、社会的富の総量がもはや基本的に増加しないという時代状況に入ってきている。

そうした中で、投機マネーにとって、既存の資産や所得のできるだけ多くの部分をマネーゲームの場に投入させることが、極めて重要となる。投機マネーはこのために、規制の緩和、金融市場へのアクセスの容易化、バブル景気、を画策する。

①投機マネーのための規制緩和

一つは、アメリカの投機マネーが、当該国内のマネーゲーム市場に自由に参入し、大きな利益を得られるようにすることである。その場合、当該国のマネーゲーム市場が発達させられていなければならない。投機マネーのための規制緩和は、アメリカの投機マネーを策源とし、全世界に波及していくのである。

超大国アメリカは、全世界の諸国家に政治的圧力をかけ、市場開放・民営化を強要してきた。もとより、米軍の占領、ＩＭＦによる管理、冷戦の勝利などを十全に利用した。日本や欧州もまた、例外ではありえなかった。

ただ欧州や日本の資本は、アメリカ資本につづく形で、過剰貨幣資本を膨張させ、マネーゲームの世界に足を踏み入れていく。このため、アメリカの強要に一面抵抗しつつも、投機マネーのための規制緩和を一面推進してきたのである。

二つは、大金持ちと大企業に対する減税である。

資本は、耐久消費財産業に基盤を置いているうちは、労働者民衆の購買力を重視しなければならない。このため政府も、税制では上層階級から多く・下層からは少なく取り、政策では福祉・公共事業を重視した。

しかし資本は、投機マネーの運動に主たる基盤を置くようになると、その必要がなくなる。マネーゲームだから、元手を少し大きくしただけで、儲けが巨額になる。投機の過熱が景気をけん引する。それで政府は、投機マネーを操る大金持ちや大企業の減税をやり、公共事業や福祉などへの支出をカットした方が良い、となった。一九七九年に登場したイギリスのサッチャー政権、一九八〇年に登場したアメリカのレーガン政権が、この転換に先鞭をつけたのだった。

三つは、預金の国家的保護の廃止である。

その主要な目的は、預金者の自己責任で、預金をマネーゲームに投入させることである。　預金は、保護が不確かになれば、少しでも大きい利子や利ザヤを求めて、証券、商品、通貨を材料としたマネーゲーム世界に移動していかざるを得ないというわけだ。

②金融取引市場へのアクセスの容易化

投機マネーの自己増殖運動は、基本的に金融取引市場を舞台に展開される。膨大な過剰貨幣資本を実際にマネーゲームへと参入せしめるには、資産や所得の流動を妨げている諸規制を緩和・撤廃するだけでなく、金融取引市場へのアクセスを容易化する必要がある。

この点で決定的に大きな役割を果たしたのが、インターネットの発達・普及である。それは、金融取引市場へ世界中どこからでも瞬時にアクセスできるようにしたし、それだけでなく、民衆が大量的に簡単にアクセスすることも可能にした。要するに、巨大投機マネーが、あの国この国の資産を瞬時に掠め取ったり、中間層から小金を巻き上げたり、下層の人々の生活費を略奪することさえ、極めてた易くなったということである。実際、そういうことが広く現実化していったのである。

投機マネーは、諸国の資産の略奪で肥大化してきた。それは今日、アメリカの支配階級によって国際システム化されている。

その典型が、一九九七年のアジア通貨危機の際に見られた。即ち、(i)投機マネーが当該国通貨を売り浴びせて、通貨暴落による経済破綻を引き起こす。(ii)ＩＭＦが当該国を管理下において、金融自由化を強制する。(iii)投機マネーが当該国の資産を買いたたく。(iv)ＩＭＦが当該国の経済再建を誘導して資産価値を高める、という具合である。

こうした略奪に対して民衆反乱が起これば、アメリカ帝国の政治・軍事システムが作動する。まず先頭に立たされて民衆を抑え込む役回りを担うのは、当該国の国家である。

また投機マネーは、中間層の小金を食らい尽す。

今日の投機マネーにとって、中間層の小金を食らい尽すことは、グローバルに投機の機会を捉えることと並ぶ、中心戦略である。アメリカでは「中間層が消滅した」といわれるほどの事態となった。

投機マネーは、下層からさえも最大限略奪しようとする。〇八年世界恐慌の発端となったサブプライム・住宅ローン問題が、典型例である。返済できる見込みの低い人にまでローンを組ませて住宅を購入させた。その債権は、この層の所得＝生活費の略奪権に他ならない。この略奪権を証券化して金融取引市場で売捌いてしまった。結局、その略奪権が焦げ付き、証券が無価値化して、巨大投資会社が軒並み破綻し世界金融恐慌が引き起こされたのである。

③バブル景気

投機マネーは自己増殖運動を維持するために、規制緩和と金融取引市場へのアクセスの容易化を推進してきた。そして、切り札は投機熱の爆発である。賭け事には熱病が付き物である。マネーゲームもしかりということだ。いわゆるバブル景気は、それが作り出したものに他ならない。

のである。

(i)バブル発生の根拠

バブル景気の最も深い根拠は、資本が価値増殖を求めることにある。価値増殖は、資本の本性なのである。

「足るを知る」という言葉がある。これは、必要以上に欲張るな、という意味であり、人と人の関係を（今日では人と自然の関係を含め）大切にせよという戒めの言葉である。自分（自国）さえよければと、食料やエネルギーを独り占めにしたり、浪費する態度は良くないということである。だが、この言葉が通用するのは、モノの有用性（使用価値）が問題となる限りにおいてである。

資本は、利潤を目的としている。資本は常に、産業の発展時代においても、生産物の有用性ではなく、生産物を販売した時に手にする貨幣で計られる価値が、生産に入る前に手にしていた価値よりも増大することを目的としてきた。生産物の有用性への関心は、あくまでもその目的のためであり、したがってカネ儲けのために粗悪品や欠陥商品を販売することも、決して例外的なことではなかったのである。

資本のこの本性は、今日、産業の発展時代が終焉したからといって消滅しはしない。いやむしろ、逆である。

資本は、産業の発展時代においては、モノの生産過程における剰余労働の搾取を根拠に、自己増殖を実現してきた。しかし今や資本は、モノの生産を媒介せず、カネにカネを「生ませる」マネーゲームの世界にはまり込んでいるのである。資本は、最早、生産活動（人間労働）から完全に切り離された場で、カネを殖やす勝負にうつつを抜かすようになった。マネーゲームにおいては、価値の総額は増えない。相手の資産を略奪することで儲けるゼロサム・ゲームであるから、仁義なき闘いとならざるを得ない。しかも、このマネーゲームの世界はやくざの賭博場のような社会の片隅のそれでない。グローバルかつ全社会的である。

生産活動から切り離された世界におけるカネの欲望には、「足るを知る」のかけらも残ってはいない。最初は徐々に、そして加速し、全ての人々を賭博熱の渦の中に投げ込んでいく。これがバブル景気である。

バブル景気によって、投機マネーのヘゲモニーも完成するのである。

(ii)産業的好況とバブル景気の相違

現代の「好況」には、基本的に、投機マネーに牽引された「バブル景気」しかない。この点を理解することは、時代の変化をとらえる意味で重要である。

「産業の成熟」は、新しい産業とそのための販売市場が生まれない状態、モノの慢性的な過剰生産状態を意味する。市場支配と技術革新をめぐる競争が、この過剰生産状態を傾向的に深刻化する。したがって、自動車産業などあれこれの産業が景気の牽引者となるということは、最早ないのだ。投機マネーだけが資本総体の牽引者であり、バブル景気がこの事実を確認させるのである。

バブル景気が慢性的な過剰生産の基盤の上で引き起こされるということは、景気回復が「ジョブレス・リカバリー」に止まるということを意味する。その際産業資本は、「本業」での低収益を賭博の儲けでカバーする。庶民は、慢性的に深刻化していく過剰生産状態が緩和されるだけなので、かつてのように仕事の飛躍的増大や賃金大幅アップとして景気回復を実感することができない。産業資本の多国籍展開（国内の産業空洞化）が、この「ジョブレス・リカバリー」の傾向を増幅する。

バブル景気は、マネーゲームに中間層の資産や下層の所得を含め社会の隅々にある貨幣を投入させ、社会全体の投機熱を高めることで実現される。政府、教育機関、マスメディア等々がそのために総動員される。そして、民衆が手元資金をすっかり略奪され、借金も背負わされ、どうにもならなくなったところで終了となる。バブルの崩壊は、新産業を胚胎させていた産業発展時代の恐慌・不況とは異なり、失業、貧困、悲惨、格差、道徳的退廃、絶望だけを残し、それらを一層耐え難く拡大するのである。

(iii)巨大バブル

巨大なバブルが、世紀が改まるあたりから膨張しだした。巨大バブルは、次の三つの要因が重なって生じた。

一つは、投機マネーの巨大化である。

産業の成熟に伴う過剰貨幣資本は、七〇年代において、オイルマネーという形態をもって象徴的に顕在化する。この過剰貨幣資本は、中東産油国から米銀へと還流し、途上国に貸し付けられていった。多くの途上国が、過剰貸し付けの罠にはまる。

八〇年代になると、アメリカにレーガン政権が誕生し、巨大化した投機マネーのために金融のグローバル化を強力に推進しだす。レーガン政権は、高金利政策とアメリカ経済の引き締め（輸入縮小）とによって途上国に債務不履行を余儀なくさせ、「救済」と引き換えに金融の自由化、国営企業の民営化、労働者の使い捨てシステムなどを受け入れさせていった。こうして八〇年代、過剰貨幣資本は、投機マネーとして前面に出てきた。

九〇年代になると投機マネーは、一九九五年のメキシコ通貨危機、一九九七年のアジア通貨危機、一九九八年のロシア通貨危機という形で、発展途上国において通貨危機を仕掛け、それを利用して荒稼ぎをした。投機マネーは、発展途上国を食い物にして膨張していったのである。

そして、ついにアメリカ本国の莫大な資産と所得をマネーゲームの対象とするのである。それができるほどに、投機マネーの規模が巨大化したということである。

「〇七年一〇月には、世界の預金に株式時価総額や債券発行残高を加えた金融資産は、実物資産（名目GDP）の三・五倍に達しています。……経済の常識では、金融経済は実物経済に従属するもので、例えば株価（金融経済）の動向は実物経済の動向によって決められると考えられてきました。しかし、金融資産の急速な膨張により、これが逆転し、金融経済が実物経済を振り回すようになったわけです」（水野和夫『金融大恐慌』NHK出版生活人新書、一二三頁）

かつて金融は、産業資本がその自己増殖運動において部分的にとる貨幣資本形態を補助するものであった。しかし今日の金融は、主として、そのような実体経済において過剰化し投機マネーに転化した貨幣資本の略奪的膨張運動になっているのである。この運動が、世界の実体経済の規模をはるかに超えて膨張し、実体経済を従属させるようになった。そして投機マネーは、超大国アメリカが制御できるレベルをもはるかに超えて巨大化したのだった。

二つは、世界の隅々、社会の隅々から過剰貨幣資本を吐き出させ、アメリカに集中させ、投機マネーに転化するシステムが、作動したことである。

世界に、社会に、過剰貨幣資本がいかに大量に貯まっていようとも、それらを吐き出させ、アメリカに集中させ、投機マネーに転化することができなければ、巨大バブルは現実のものとならなかったであろう。そのことを可能にしたシステムは、技術と制度・政策の両面で形成されていた。

証券取引のエレクトロニスク化・ネットワーク化は、一般の人々がインターネットを介して金融賭博に参戦することを容易にした。それは、投機マネーから見れば、社会の隅々に滞留する小金を吐き出させ、掠め取る道が開かれたということである。

また証券取引のエレクトロニスク化・ネットワーク化は、国際的な金融賭博に関わる際の地理的・時間的制約を取り払った。これによって投機マネーは、あの国、この国の投機の機会をとらえて、瞬時に移動しながら資産を掠め取ることができるようになっただけでなく、全世界の隅々に滞留する資金を、アメリカの賭博場へと大規模に導く技術的条件を手に入れたのである。

巨大バブルを引き起こしたシステム的要因は、コンピューター・ネットワークの発達という技術的なものだけでなく、制度・政策的な側面と合わせて見ておかねばならない。

アメリカ政府は、金融グローバル化を推進して、諸外国に国際資本移動の規制の撤廃や国営企業の民営化を実現させ、国内においても、大恐慌の教訓から銀行・証券の分離を定めた「グラス・スティーガル法」を実質廃止する（一九九九年）など、投機マネーの自己増殖運動を制約する諸規制をあらかた撤廃した。

これと並行してアメリカ政府は、世界のマネーの「帝国循環」を創出してきた。

産業の成熟（＝衰退）がもたらす経常収支の赤字を放置すれば、ドルの暴落を招き、基軸通貨としての地位が危うくなる。アメリカ政府は当初、この問題に対して、輸入規制方式で対処していた。しかしアメリカ政府は、九〇年代半ばにこれを転換する。

即ちアメリカ政府は、高金利政策をテコに世界から過剰貨幣資本を大規模に受け入れ（ドルの還流）、国内で加熱し始めたマネーゲームをあからさまに支援し始めた。還流したドルで、貿易等によるドルの流出分を埋め合わせ、海外に再投資もするというマネー循環を創り出す。また、日本や中国などの対米黒字国政府に財務省証券などの米・国公債を購入させることでこのマネー還流構造を補強し、米国の軍事費と消費支出（財政赤字）を賄った。そして投機マネーは、還流した莫大なドル資金を取り込み、マネーゲームを過熱させ、巨大バブルを創り出していったのである。もちろんその渦中で、アメリカ系投機マネーがしっかり稼いだのは言うまでもないことである。

三つは、バクチの度重なる成功体験が、投機マネーを無謀な大バクチへと突進させたということである。

投機マネーは、信用借りをますます増やし、元手を数十倍するレバレッジをかけた金額で勝負するようになっていた。それまでの成功が、借り手を無謀な勝負に駆り立てただけでなく、信用貸しする側をも無謀にしていたのであった。

投機マネーは、中間層を食らい尽した後、サブプライム・ローンに対する債権を証券化して、低所得層へと略奪の対象を広げた。それは無謀なことだった。その危険度を隠ぺいする証券化技術も、この無謀に拍車をかけた。

投機の過熱が牽引した巨大バブル景気は、アメリカが産業の衰退（成熟）を打破したかのような見せかけの様相をも現出させ、それがまたこのバブル景気を膨らませた。だが結局それは、略奪の対象の支払い能力の限界に突き当たって、破裂してしまったのである。世界は、金融恐慌の淵の投げ込まれたのだった。

［5］金融恐慌

①金融恐慌の歴史的意味

資本は、産業の成熟（市場の飽和）によって新規投資領域を失った。これが過剰貨幣資本の途方もない膨張と投機マネーへの転化をもたらした。全世界から投機マネーがアメリカなどの賭博場に流れ込み、投機の過熱が起こり、巨大バブルが膨張した。〇八年、巨大バブルが崩壊し、世界金融恐慌が勃発する。その損益決算は次のようだ。

「九五年に六四兆ドルだった金融資産（世界の株式時価総額＋世界の債券発行残高＋世界の預金）は、ピーク時に一八七兆ドルになり、そこから今回の金融危機で約二〇兆ドル損失し、現在（〇八年一一月七日‐引用者）一六七兆ドルになっています。つまり、損失分を引いた残りでも一〇〇兆

ドル、一京円ほど増えていることになります」（水野和夫『金融大崩壊』NHK出版生活人新書、一五〇頁）

もちろん、増えたのは大富豪たちの金融資産であるだろう。この一〇〇兆ドル（当時の為替レートで一京円）は、米国GDPの約八倍、日本GDPの約二〇倍に当たる途方もない金額である。当然、その背後には、手持ちの金を掠め取られた膨大な民衆が存在していた。中間層の消失が、貧困層からの略奪が、社会問題化した。

投機マネーの賭博行為が人類社会の経済生活の基軸になったことで、人類社会は腐敗と堕落の道に迷い込んだ。そして、この投機マネーがもたらした巨大バブルの破裂によって、人類社会は崩壊の過程に投げ込まれたのである。

これまでの大きな恐慌は、産業構造の高度化による生産力発展のステップであった。しかし今回の大恐慌は、産業が成熟段階に到達した基盤の上で生じた投機マネーバブルの崩壊であり、産業構造の高度化が最早ない以上、「新産業」の勃興に期待を寄せて打破できる性格のものではない。人間（関係性）の犠牲の上に産業の発展（工業化）を推進してきた資本主義の役割が、終焉の時代を迎えたのである。今求められているのは、産業の成熟を前提にした社会、人間（関係性）の豊かさの実現を目的とする社会への移行である。

それとともに、貨幣の歴史的役割も終わろうとしている。

貨幣はその発生以降の大部分の間、「価値の尺度」「交換の媒介」「価値の保蔵」などの機能によって、実体経済の発展を補助する役割を果たしてきた。そのことは、貨幣経済が流通過程だけでなく生産過程をも捉え、資本主義が発達するという時代になっても、変わらなかった。さらには、機械制大工業の発達により資本主義的企業を立ち上げ運営するのに巨額の貨幣資本が必要な時代になると、銀行の役割が増大し、産業資本に対して支配的地位を占めるようになるが、その支配的地位は、産業資本の貨幣需要に応える役割を介して得られたものだった。

しかし貨幣資本は今や、実体経済から切断され、投機マネーとしての「自己増殖」運動をはじめた。実体経済のあれこれの会社や商品は、賭博師たちの賭けのごとの対象にすぎなくなった。マネーゲーム世界での貨幣の運動は、社会に害毒を流しつつも、バブルを膨らませることで人々の目をくらませ、問題を隠ぺいした。しかし、金融恐慌は、貨幣の運動がいまや社会を破壊するものに転化してしまっていることを明らかにしたのだった。

②投機マネーの時代が終焉したわけではない

投機マネーが生み出した巨大バブルの破裂は、投機マネーに対する批判を一挙に噴出させ、投機マネーの旗印である新自由主義・市場原理主義を地に貶めた。投機マネーの時代の終焉が語られる状況となった。

だが、投機マネーの時代は終焉したわけではない。否、資本主義のこれからのシステムは、投機マネーのそれ以外ではあり得ないのである。ただ、金融恐慌が勃発したため、投機マネーにとって、一時的な政治的後退と息継が必要になっているだけのことである。

産業の成熟（市場の飽和）とそれらがもたらした過剰貨幣資本の肥大化という投機マネーの時代の根拠は、全く変わっていない。むしろ金融恐慌は、産業の成熟をグローバルな規模で加速し、貨幣資本の一層の過剰時代をもたらさずにはおかない。投機マネーが表舞台に再登場する動きは、当のアメリカにおいて金融恐慌勃発直後に、投資銀行（証券会社）の救済と商業銀行傘下へのその吸収として始まっているのだ。八〇年前の大恐慌の際には、銀行と証券を分離するなどして投機マネーを規制し、耐久消費財産業の発展を条件づけたのとは正反対の対応になっているのである。

③大規模財政出動の限界

金融恐慌は、実体経済の大不況へと連動していった。アメリカ政府をはじめとした諸国政府は、大規模な財政出動をもってこの危機に対処しようとした。すなわち、金融システムの機能と投機マネーの運動を建て直しつつ、新産業の勃興の実現に主要な力を注ごうとした。かつての大きな恐慌の際には、新産業を勃興させることによって、過剰貨幣資本と失業人口を吸収してきたからである。

しかし今回の場合は、そうした新産業の勃興は考えられない。

なぜなら、第一に、社会の機械化が、消費財生産部門、生産手段生産部門、労働力再生産部門の全てにわたって浸透し切っており、それらの改善はあっても、機械化を必要とする大きな新部門は、最早ないからである。第二に、物質的生産（対象的自然との物質代謝）の拡大が地球環境限界に逢着しており、社会（人々）も物質的生産力拡大の抑制を求める時代になってきているからである。

第三に、コンピューター・ネットワークという人間の精神労働を代替するシステムは、その主要な部分が物質的装置ではなく、直接的で双方向的な情報・通信（私有・売買になじまない）であり、したがって、ブルジョア社会におけるその発展は限定的にならざるを得ないからである。

アメリカ政府が、資源・エネルギー支配を維持する意図に裏打ちされて推進している新エネルギー開発も、基本的には、時代のこの壁を越えることはできない。現代と同じレベルの物質代謝量を維持するにしても、より少ない労働手段と一層少ない労働力で事足りるということになるだろうから、利潤率を回復するほどの部門にはなりえないのである。

もとより、すでに成熟した産業である耐久消費財産業（自動車、住宅、家電、など）を大規模財政出動で支えても、財政赤字の累積だけが残り、実体経済の過剰生産問題や、貨幣資本の過剰問題が少しも解決するわけではない。

だが、金融恐慌の震源地であるアメリカを始めとした先進諸国は、〇八年金融恐慌とそれに続く実体経済の大不況に対して、金利引下げと共に大規模財政出動で対処した。ブルジョア国家は資本支援策しか選択肢を持たないから、それも当然ではある。その結果は、危機の先延ばしに過ぎず、莫大な財政赤字の積み増しであった。

二〇一〇年になると、財政赤字の累積で債務不履行に陥りかねない国家が、ヨーロッパに複数現れてくる。二〇一一年になると国際社会のレベルで、財政破綻国家を共同で支える政治的・財政的余裕の欠如が顕在化した。二〇一二年になると、国際ブルジョアジーはマネーゲームシステムの崩壊を回避するため、民衆の犠牲（解雇、賃下げ、福祉削減、増税）で国家財政を立て直す企図を強める。それは、労働者民衆の反発を広げ、世界的に政治的混迷を深めずにはおかない。

資本主義は、たとえ今回の危機を乗り切ったところで、一層大きな巨大バブルとその崩壊の渦中に突入・転落していく以外ない。先は見えているということである。

［6］資本主義の生成・発展・没落

マネーゲーム資本主義は、資本主義の歴史的役割の終焉形態である。われわれは、資本主義を総決算することのできる時代に生きているのである。

①発展前夜

資本主義の発展前夜時代は、おおよそ一七世紀半ばから一八世紀半ばにかけてである。その舞台はヨーロッパ（特にイギリス）であった。資本は、主として商人資本の形態で発達した。

商人資本が発達した理由は、交易（植民地）の拡大にある。また、交易の拡大に支えられて、工業（毛織物工業など）が発達したことにもある。

しかし、当時の資本は、自己の依拠すべき生産＝工業をしっかり捉える諸条件（機械の発明と労働力の自由な使い捨て）を欠いていた。それが当時、商人資本が支配的だったもう一つの理由である。

こうして、この時代の資本は、基本的に流通過程にとどまり、商人資本として蓄積されたのである。

この時代、国家権力を掌握する地主階級に対して、ブルジョア階級は議会を足掛かりに急速に力をつけた。イギリスのブルジョア階級の場合は革命を成就する。ヨーロッパ諸国は、地主的専制国家といえども、商人資本の増大する経済力を包摂し自己の力に転化する必要から、世界的規模で交易圏（植民地）の拡張を競い、戦争を繰り広げた。そしてイギリスが覇権を確立するのである。

②発展

資本主義の発展時代は、おおよそ一八世紀半ばから二〇世紀後半にかけてである。

この時代は、資本が自己の依拠すべき工業をしっかり捉え、その産業領域を力強く発展させた時代である。

それを条件付けたのは、労働手段の手工業的道具から機械への革新、失業者群の形成、世界市場の安定的確保であった。資本は、これらの条件をテコに、労働に対する支配を確立し、機械制大工業の発展を牽引した。資本は、そうすることで、社会が希求した物質的豊かさの実現主体へと浮上し、政治的な支配的地位を獲得・拡大・維持した。

この時代の資本主義は、消費財生産部門の機械化の時期、生産手段生産部門の機械化の時期、労働力再生産部門の機械化の時期、の三つの時期にわたって様相を変容させつつ発展した。

(i)発展の様相

資本による消費財生産部門の機械化として特徴付けられる時期は、一七六〇年代から一九世紀前半までである。それは、「産業革命」と呼ばれる世界史的事象であったが、イギリスにおいて起こった。

イギリスでは、確立した世界覇権の下で、交易圏が確保されていた。商人資本が蓄積され、農業から排出された失業者群も存在していた。資本は、生産を機械化する技術の発達を捉え、綿工業をはじめとした消費財生産部門において機械制大工業を組織した。産業資本の時代が始まった。

この時代は、自由競争の時代といわれる。それは世界覇権を手にした一大植民地帝国イギリスが、国際交易における競争力の圧倒的優位を活用するために、自由競争を列強に強制しようとした時代だったからである。また国内的には、多くの産業資本が乱立する実質的な自由競争の時代だったからである。

資本による生産手段生産部門の機械化として特徴付けられる時期は、一八七〇年代から二〇世紀前半までである。イギリス発の産業革命の波に乗ってブルジョア国家を確立することのできた欧・米・日が、機械制大工業化において後発の優位をテコにイギリスを急追し、植民地の再分割(帝国主義世界大戦)時代を出現させた。この時代の特徴を代表したのはドイツだった。

この時代は、独占の時代、金融資本の時代といわれた。それは、生産手段生産部門の機械化が、鉄道の敷設や化学工業プラントの建設に象徴される巨額の設備投資を要するため、資本の集中・集積を促し、独占的大資本を出現させたからである。また産業資本が巨大銀行の資金力に依存する傾向を強め、銀行資本と産業資本の融合としての金融資本が形成されたからである。当時の資本は、今日のように投機マネーの運動に大きな割合で依存するものではなかった。その貨幣資本は、基本的に産業資本の運動の構成部分であった。

資本による労働力再生産部門の機械化（自動車、家電など）として特徴付けられる時期は、一九二〇年代から二〇世紀後半である。この部門の機械化の発祥の地は、アメリカであった。

労働力再生産部門の機械化は、国民生活のインフラ（自動車専用道路、住宅、福祉）への大規模な財政出動（ケインズ主義政策）によって促進された。この時代に、資本主義経済特有の大量生産、大量消費、大量廃棄の経済スタイルが、全面展開して現れる。

アメリカは二〇世紀半ば、第二次世界大戦のへゲモニーの掌握（対英・仏）と敗戦国の占領（対独・日）とを媒介に他の列強を一定統制・支配しつつ、アメリカによる世界支配秩序を確保するための国際反革命同盟体制を形成する。そして、戦後次々と独立した旧植民地諸国をこの国際反革命同盟体制の内に組み込んでいった。アメリカは戦後、こうして確立した世界覇権をテコに、世界の石油資源の大部分を支配し、国際的な交易と資本移動の自由を諸国に強制して自国資本の多国籍展開を実現する。

アメリカ資本の多国籍展開は、一九六〇年代に本格化するが、自動車を中心とする耐久消費財産業に基盤を置く資本が推進軸であった。主要な対象国は、労働力再生産部門の機械化が課題となっていた先進国（特に西欧諸国）だった。それは、米・欧・日の資本が本国市場を含む旧勢力圏の壁を越えて相互浸透する世界経済の流れを本流化した。それは同時に、「アメリカンライフ」のグローバル化をもたらした。

しかし一九七〇年代以降になると、アメリカの耐久消費財産業（自動車・家電など）は成熟し、国内総生産に占める地位も衰退へと向かう。西欧や日本も、一〇年単位のタイムラグで、アメリカのあとを追う。イギリス産業革命以来の資本主義の発展時代は、先進国においては、社会の全領域を機械化することで終焉を迎えることになるのである。

(ii) 一九一七年ロシア革命の位置

資本主義の下で機械制大工業が発展した時代は、ブルジョア階級と労働者階級の矛盾・対立・闘争が拡大再生産された時代であった。この時代に労働者階級は、いくつかの諸国において、自己の国家を樹立することに成功した。しかしながらそれらの諸国家は、ことごとく官僚ブルジョアジーの国家に変質して国家資本主義をやるようになる。そして今日までに、そのほとんどが市場経済の導入を余儀なくされた。それは、農牧業の発展した時代において、勝利した農民蜂起が結局農奴制に立脚した国家へと収斂（回帰）する以外なかったのと同じであった。

この時代における労働者による国家の樹立は、資本主義の下で機械制大工業が高度に発達した諸国において起こったのではない。ブルジョア民主主義革命に揺れる地主階級の諸国で起こった。労働者階級は農民階級と手を結び、ブルジョア階級とも連合して地主階級の支配を転覆した。そしてしかる後に、政治的に弱体なブルジョア階級との闘争に勝利し国家権力を手にしたのである。

樹立された国家が労働者の国家だとはいえ、それが依拠する労働者・農民の求めていたものは、「共産主義」ではなかった。民衆が求めていたのは、生存の確保であり、物質的豊かさの実現であった。それは、資本主義が歴史的役割とするところのものだった。樹立された労働者国家は、直ちに、そして不断に市場経済と資本主義の導入圧力に晒され、これと対峙しながらもブルジョア的変質を余儀なくされていったのである。

こうした歴史的事象を代表したのが、一九一七年のロシア十月革命だった。

ソ連（ロシア）の党・国家が変質した背景には、官僚ブルジョアジーの形成があった。官僚ブルジョアジーの形成は、国家官僚機構の現実的必要から生じた。

まず、広大な国土に散在する農村と発達しだしたばかりの工業都市からなるロシア社会を一つに統合できるのは、大きな国家官僚機構だけであった。

また、機械制大工業の発展が、都市と農村、工業と農業など社会的分業に根差した対立を拡大しており、それらの対立を調整し統合する装置を必要とした。そうした装置は国家と市場であるが、生産手段の国有化を実施した革命ロシアでは、国家が市場の役割まで取り込んで社会的調整機能を引き受けていた。国家によるそうした調整機能は、官僚機構とその担い手の歳月をかけた育成（ノウハウ・人脈・訓練の蓄積）によって果たせるようになる。この現実は、国家の機能を特定の人々に委ねるということであり、国家総体を官僚ブルジョアジーへと転変させずにはおかなかった。

さたにソ連（ロシア）は、重化学工業化と呼ばれる生産手段生産部門の機械化の波を積極的に引き入れた。このことが官僚ブルジョアジーの支配を打ち固めた。

機械制大工業は、労働を細分化・専門化すると共に、労働から精神的機能を分離する。この精神的機能とは、細分化・専門化した労働の諸断片を統合・調整して全体としての労働の目的を実現せしめる管理機能、および、研究・開発の機能である。こうした精神的機能の分離は、管理層の形成として現れる。機械制大工業の発達に伴う企業管理層の膨張は、前記した国家官僚ブルジョアジーの肥大化・君臨と融合し、その支配を打ち固めた。

官僚ブルジョアジーの必要と発達は、ソ連共産党の党内闘争において、この階級の利益を代表する潮流の勝利を導いた。共産党と国家は融合し、社会主義の看板を掲げて国家資本主義システムを発達させ、ソ連経済の重化学工業化を推進した。他民族抑圧を国境の内外において復活させ、第二次世界大戦を媒介に、アメリカの世界覇権に対抗する「ソ連圏」「東側陣営」を形成するまでになった。

共産党・国家官僚ブルジョアジーの体制の特徴は、国家資本主義をテコに、資本主義をやりながら資本主義の害悪を緩和するところにあった。すなわちそれは、対外的な国家障壁を高くし、競争をなくし、公然の失業をなくし、搾取を緩和した。したがってそれは、その限りで、西側資本主義に対する批判力を保持し、国際階級闘争への影響力を維持し続けることができた。

しかしそのためにこの体制は、経済生活を停滞の淵に沈めることになる。

ソ連の体制は、一九三〇年代の大恐慌において失業者をあふれさせず、表面的には体制的優位性を証明したかに見えた。しかし西側の資本主義が、競争を推進力に、大規模な失業者群の形成を条件に、耐久消費財産業を勃興させる一大産業再編成を実現していったのに対して、ソ連では世界史的にもまれに見る体制の保守性がその前に立ちはだかってしまったのである。経済が停滞し、民衆の増大する物質的欲求との乖離が拡大する。被抑圧民族の反乱も拡大する。そうした中で一九八九年に東欧の民主革命、一九九一年にソ連の崩壊が起こる。自壊であった。こうして資本主義の発展時代におけるプロレタリア革命の一典型サイクルが終わったのである。

③没落

資本主義の歴史的役割の終焉は、一九七〇年代初頭に始まる三〇年間の過渡を経て先進諸国全体ととらえ、全面展開の段階に入っていく。

資本主義の歴史的役割は、機械化が全ての社会領域で一通り完了した時点で終焉する。この時点が最初に訪れたのはアメリカであり、一九七〇年代の初頭のことであった。約一〇年ごとのタイムラグで、西欧と日本がこれに続いた。米・欧・日は「産業の成熟」時代に入る。

産業の成熟（市場の飽和）は、貨幣資本の過剰化・その投機マネーへの転化をもたらす。アメリカ資本は、七〇年代から貨幣資本の過剰化・投機マネーの肥大化を露にし、これにイギリスを始めとして西欧諸国の資本が続いた。日本における転回点は、九〇年代初頭のバブルとその崩壊であった。

過剰貨幣資本・投機マネーは、社会を崩壊させる。

今日の過剰貨幣資本と投機マネーは、生産過程において労働を搾取し社会的富を増大させることができなくなった資本の残骸であり、労働者を雇用しその生存を保障することができなくなった資本の残骸に他ならない。この資本の残骸は、実体経済をマネーゲームの対象と化し、略奪競争に晒すことで社会を崩壊させる。この資本の残骸の肥大化は、その対極に失業人口を膨張させることによって社会を崩壊させる。これは、資本主義が歴史的役割を終えたにもかかわらず、支配的経済システムとして存続していることが引き起こしている事態なのである。

二一世紀初頭にはじまる巨大バブルの成長は、一九七〇年代初頭以来の過渡の終焉を意味した。「産業の成熟」時代に入ったことによって、資本主義は歴史的役割を終え、社会を崩壊させるシステムとして全面展開しはじめたのである。

④革命中国の変質と転進

一九七〇年代以降、資本主義は没落時代に移行して行く。とはいえ、それはとりあえず米・欧・日という先進国における産業の成熟（＝工業の慢性的過剰生産）を根拠とする事態に過ぎなかった。したがって先進国の資本は、工業化の欲求が高まり資本主義の発展を促進している発展途上諸国へ過剰生産設備を加速的に移転することができた。この諸国の中から「新興国」と言われる諸国が台頭する。その代表格が中国であった。

中国は、超大国アメリカの世界覇権の下で、これに一定対抗する勢力として急速に存在感を増してきている。その政治的淵源は、中国が二〇世紀前半の反帝民族解放の世界的・国内的な高まりの中で誕生したという点にもあるが、主要には、この国がロシア革命の系譜に連なる労働者国家として誕生したという点に求めることができる。

革命中国は、一九四九年に建国された。

中国は、革命ロシアと同じように、生産手段の私的所有制度の廃止・国有化の道を選択する。労働者国家として誕生した勢いのおもむく所であるだろう。だがそれは、ロシアの場合と同じように官僚ブルジョアジーの形成をもたらした。なぜなら中国では、精神労働と筋肉労働の分業への隷属を廃止する条件は成熟していなかったし、中国の労働者・農民がそうした欲求を高めていたわけではなかったからである。

しかし中国の場合は、ロシアのように官僚ブルジョアジーの支配が安定的に確立はしなかった。民衆の間に高まる官僚に対する反発が、毛沢東による走資実権派に対する党内闘争の発動と結合し、プロレタリア文化大革命となって爆発したからである。

プロレタリア文化大革命は、党（＝国家）官僚ブルジョアジーの支配を打倒はできなかったがこれに大打撃を与えた。だが同時に経済生活も停滞させ、この革命からの民衆の政治的離反をもたらした。これが、ロシアの例とは異なる中国のその後の展開に道を開いたと言えるだろう。

すなわち党（鄧小平）は、民衆の間の物質的豊かさへの欲求に依拠し、自由競争資本主義の導入による産業発展に道を開いた。「改革・開放」政策である。それとともに官僚ブルジョアジー（党・国家・国営企業）のヘゲモニーも再建し、中国社会の政治的統合を確保した。建国後ほぼ三〇年経つ一九七〇年代末ことであった。

おりしも資本主義の先進諸国は、マネーゲーム資本主義への転換をはじめており、製造業の発展途上国への移転を加速させつつあった。「改革・開放」に舵を切った中国は、この波を引き入れ、「世界の工場」への道を進む。利潤目的を起動力にして、二〇世紀末までに軽工業（消費財生産部門）の近代化を、二〇〇八年の世界金融恐慌時までに重化学工業（生産手段生産部門）の近代化を実現した。そして今日、労働力再生産部門の機械化を目指し、耐久消費財産業（自動車・家電）を発展させようとしている。また今や、安価な労働力を求めて労働集約部門を国外移転させ、急増する資源・エネルギー需要を満たすため海外権益の拡張行動を引き起こすようになっている。

中国の官僚ブルジョアジーは、世界史的な意味での資本主義の没落時代に適応し、産業発展を実現してきた。かつてソ連の官僚ブルジョアジーが重化学工業化段階に固化したのと対象的に、市場経済化と市場開放の道を一定大胆に開くことで、産業構造の高度化を次々と実現してきたのである。

しかしそれは、中国が超大国アメリカの国際体制の内に一定のほど入るということであり、代議制民主主義とグローバル資本主義の受容要求に不断に揺さぶられることを意味する。またそれは、中国が資本主義の下での産業発展にともなう労働者階級の反抗の拡大に直面することを意味する。更にそれは、中国が近い将来、世界史的な意味での資本主義の没落過程に合流することを意味する。

［7］唯物史観の発展

「一つの社会構成は、それが十分包容しうる生産諸力がすべて発展しきるまでは、けっして没落するものではなく、新しい、さらに高度の生産関係は、その物質的存在条件が古い社会自体の体内で孵化されおわるまでは、けっして古いものにとって代わることはない」（マルクス「経済学批判序言」『マルクス＝エンゲルス8巻選集』第4巻四一頁、大月書店）

まさに資本主義は、それが十分包容しうる生産諸力をすべて発展させ切り、自己自身がもたらした「産業の成熟」「地球環境限界への逢着」「人間（関係性）の豊かさへの欲求の増大」という事態に適応できず、没落の道を転げだしている。このことは、この本章で論じたところのものである。それは、これまでの唯物史観の妥当性とともに、限界を示すものとなった。

これまでは、生産諸力の発展と生産関係の矛盾の展開として歴史を語ることができた。しかし、これからの歴史は、「生産諸力の発展」時代が終焉した地平の上に創造されていく。これからの社会発展の推進力は、「人間（関係性）の豊かさへの欲求」であり、それに導かれる「相互扶助活動（外的自己である自然環境との関係の豊かさの実現を含む）の発展」である。この社会発展の推進力は、「生産諸力の発展」が中心目的だった時代を過去のものとするだけでなく、それと不可分の資本主義的その他の階級システム的生産諸関係をも一掃せずにはおかない。

このことは、生産諸力の発展と生産関係の矛盾の展開を基底に社会の変化を捉えることのできる時代が、数千年の階級社会の時代だけだということを意味する。階級社会時代の前は、対象的自然の支配的影響下にあった時代である。階級社会時代の後は、人間（関係性）の豊かさが社会の発展を導く時代となっていくのである。

＊

次の章では社会（人間）に焦点を当てる。即ち、「人間の時代への三つの契機」が形成・展開する時代となったにもかかわらず、資本主義をはじめとする古い社会構成がこれを抑圧し自己を維持しようとすることによって、社会（人間）の崩壊が進行している様を明らかにしていく。それは、社会の再建、新たな社会の創造に向かう対抗的ベクトルを語ることでもある。

第三章　社会の崩壊

［1］階級秩序の崩れ

①絶対的過剰人口の形成

(i)資本主義にとっての絶対的過剰人口

産業の成熟によって、貨幣資本が産業資本の運動から遊離し、過剰化する過程が進行している。産業の発展時代が基本的に終焉したことによって、産業領域が新規投資領域としては限界に逢着したのである。他方、これからの時代の基幹となる・人間（関係性）の豊かさを実現する社会活動は、利潤を目的とする一つの支配・隷属関係である資本にとって本質的に適さない領域である。この領域が過剰貨幣資本を十全に吸収することはない。このため、行き場を失った過剰貨幣資本が投機マネーに転化、肥大化しているのである。

投機マネーの形態で現れる過剰貨幣資本の増大に対応して、労働者の過剰化が進行する。投機マネーが周期的に起こすバブル景気によって、失業の増大が一時的にある程度緩和されるとしても、事態の本質は変わらない。

この過剰人口は、「相対的過剰人口」ではない。相対的過剰人口の基底に形成され膨張する「絶対的過剰人口」である。

相対的過剰人口は、資本が牽引する「機械制大工業の発展」が作り出したものである。それは日常的には、農業人口を過剰化することによって生じる潜在的形態、より多くの労働手段を運用するのに相対的に少ない労働者をもってすることで生じる流動的形態、潜在的形態や流動的形態などから排出されることで形成される使い捨て労働力の貯水池としての停滞的形態という三つの形態をとって実存した。そして、こうした相対的過剰人口の底には、生活保護を必要とする窮乏層が形成された。

資本主義のシステムにおいて相対的過剰人口の存在は、労働者を相互に競争させ、資本の指揮・命令の下に従順たらしめるのになくてはならぬものであり、平均賃金を労働力の再生産に必要な最低レベルにむけて押し下げる役割を果たしてきた。

相対的過剰人口は、資本の中位の増殖欲求に比して過剰な人口であり、不況期にはその多くが失業状態を強いられるが、好況期にはそのほとんどが生産過程に吸収される。

これに対して絶対的過剰人口は、機械制大工業の発展が生みだしたものではない。それは、機械制大工業の発展の終焉（産業の成熟）したところで現れる過剰人口部分である。機械制大工業の発展の終焉が、過剰貨幣資本の増大をもたらすとともに、その対極に絶対的過剰人口を膨張させる。それは、資本主義にとって絶対的に過剰な人口部分なのである。

過剰貨幣資本が転変した投機マネーは、略奪的膨張運動を展開する。それは、国家資産の詐取としての「民営化」、企業を投機の対象としたM&A（合併・買収）、株式市場（賭博場）での相互略奪や中・下層の資産の巻き上げ、等々である。そこでは、新たな雇用は創出されない。

しかし、相対的過剰人口を作り出してきたメカニズムは作動し続ける。産業が成熟したことによって、物質的生産領域における新産業の勃興は望めない。生産の外延的拡大もバブルによる以外、実現の展望はなくなった。そうした中で工業部門における労働人口の過剰化は、成熟産業の技術改良によって、ますます進行する。農業部門における人口の過剰化も、先進国では限界に逢着したが、グローバル経済の舞台で一層大規模に進行する。国際的大都市の基底に過剰人口が滞留していく。このように相対的過剰人口を作り出してきたメカニズムは作動し続けるのである。

そして膨張する過剰人口の少なくない部分が、相対的過剰人口の役割を果たせず、絶対的過剰人口へと転落するのである。

マルクスは、「相対的過剰人口の種々の実存形態」について論じた個所で、潜在的形態、流動的形態、停滞形態という相対的過剰人口の三つの形態とともに、その最後に「相対的過剰人口の最低の沈澱」としての「被救恤窮民の世界」を付加している。この層が、今日では、相対的過剰人口の最後に付け加えられる社会層から、「絶対的過剰人口」として独自的に論ずべき社会層へと転化し、膨張しだしているのである。

この社会層は、三つの範疇から成り立つ。

第一は、危険・過度・長時間労働や協働・共生関係の破綻などによって、身体的あるいは精神的な「障害」を被った人々である。第二は、産業構造（分業）の再編・転換の中で自己の労働能力をこれに適応させ広げる条件がないために失業した人々、資本が要求する労働年齢を超えたために就労できなくなった人々、子育てや介護といった生活条件がネックとなって資本が要求する労働条件では就労できない人々である。第三は、資本が十分な量の仕事を提供できなくなったために、就労できない人々である。

日本において、相対的過剰人口の基底に形成される「窮民層」が、それと区別される絶対的過剰人口として膨張しだすのは、九〇年代初頭のバブル崩壊以後である。まず、相対的過剰人口の停滞的形態、使い捨て労働力の貯水池としてつくられた釜ヶ崎・山谷などの寄せ場において、日雇労働者の大きな部分が失業状態に投げ込まれ、それが固定化するという事態が出現する。原因は、産業の成熟に伴う過剰な建設産業の整理であり、労働能力を広げ高める条件の欠如であり、高齢者の切り捨てであった。窮乏層に転落した労働者の多くは、生活保護の網に受け止められることなく、寄せ場を越えて広く散っていき、「ホームレス」現象として社会的注目を集めることになった。しかしこの段階では、行政は、問題に蓋をする対応で良とし、野宿を余儀なくされた労働者の闘いに直面して緊急対策を行うが、事の重大性を認識していたわけではなかった。

支配階級が事の重大性を受け止めるのは、アメリカ巨大投機マネーの要求によって日本も市場原理主義の構造改革を実施した結果、格差と貧困が拡大し社会の崩壊が進行する中においてである。

更には、国際投機マネーが引き起こした二〇〇八年のアメリカ発世界金融危機・巨大バブル崩壊の只中においてである。そこでは日本における産業の成熟（市場の飽和）が、自動車、家電といった基幹部分においてもはっきり現れ、基幹産業ではたらく非正規の労働者が大量に首を切られ、ホームレス化した。まさに絶対的過剰人口の第三の範疇である・資本が十分な量の仕事を提供できないために失業状態におかれる人々が増え、いわゆる稼働年齢層の生活保護受給が増大する事態となったのである。社会の在り方、労働の在り方の見直しが問われはじめる。

絶対的過剰人口は、資本主義の仕方では就労することができない、したがって基本的に収入を欠いており、自己の生存の維持さえ困難な人口部分である。この人口部分は、自己の生存の維持さえ困難であるから、その多くに家族がない。家族があっても崩壊の危険に晒されている。この人口部分において、産業社会の就労・生活のリズムは外在的で疎遠となる。採集・狩猟時代的な生存の在り方が広がる。この人口部分の生活は、死への緩慢な道程でしかない。それは、対抗的なベクトルを欠いた時の帰結である。

このため絶対的過剰人口の形成と増大は、機械制大工業の発展の時代に相対的過剰人口が果たしていた役割が控え目なものに映るごとく、労働者の地位と生活の不安定性を底抜け状態にしてしまう。

絶対的過剰人口が増大してゆくということは、ブルジョア階級がおのれのシステムの内で、奴隷に奴隷としての生存を保障にできなくなった証である。それは支配階級が、自己の仕方で社会を存立させつづけることができなくなったということである。

(ii)資本主義の下では生存できない

一方における投機マネーの略奪的膨張と他方における絶対的過剰人口の増大という事態は、社会が分裂して行くということである。しかし今日の社会の分裂は、イギリス産業革命に始まる・機械制大工業の発展を基盤としたブルジョアジーとプロレタリアートの階級対立の単なる延長・拡大再生産としてあるのではない。

従来の対立は、資本制的生産様式による生産という一つの協働労働関係を共通の土俵とした、その土俵上での対立であった。資本家階級は、利潤のためにだが、労働を組織し労働者の生活をそれなりに保障する必要があった。労働者の側もそのことを所与として闘い、仕事と生活を確保してきた。恐慌や戦争によって、この関係が一時的にゆらぎ、あるいは崩壊する時、支配の危機が訪れた。

しかし現代は、資本・賃労働関係による社会活動の組織化がますます困難になる時代であり、共通の土俵のないところでの対立が拡大する時代である。

資本の方は、ますます多くの部分をマネーゲームで稼ぐ。労働者の方は、ますます多くの部分が、資本関係と無縁になり、過剰人口の大海のなかに投げ捨てられる。労働者階級の膨張する一大部分が資本主義の下では生存できなくなり、社会の存続の危機が進行する。資本は、支配的な生産関係としての社会的責任を放擲しだしているということである。

そして絶対的過剰人口部分は、死への道を余儀なくされる。この人口部分は、資本主義にとって（社会にとってではない！）絶対的に過剰な人口部分であり、資本主義に代わる仕方で生産と生活を組織し新たな社会を創り出していく以外に、生きる道をもたない。この人口部分は、自己の生きる道を切り拓く。資本主義に代わる新たな社会システムを創り、資本家階級の支配秩序を掘り崩してゆく。

(iii)ブルジョア社会の存立の危機

支配階級は、支配階級であり続けるためには、自己の奴隷制の内部で被支配階級に生存を保障できなければならない。彼らは、それができなくなった証である絶対的過剰人口の膨張を放置できない。ブルジョア階級は、国家による生活保護という形でこれを包摂しようとする。この人口部分が財政的限界を超えて膨張していくと、各種の市民団体の役割への依存を高める。この構造は、現代においては、国家連合である国連や各々の国家による援助、NGOの活動となってグローバル化している。

しかし絶対的過剰人口は、国家や社会の包摂能力の限界を超えての膨張せずにいない。世界人口の六分の一に当たる一〇億人が一日一ドル以下で生活していると言われる。政治的・社会的・経済的な秩序が、世界市場の周辺部・ブルジョア社会の底辺部から崩壊しだしている。海賊・山賊の跋扈や刑務所収容人口の増大は、そのことと無関係ではないだろう。

絶対的過剰人口の増大は、ブルジョア階級の間に、これまでの資本主義の在り方への深刻な危惧を生みだしている。その代表格がマイクロソフト会長・ゲイツ財団共同会長のビル・ゲイツである。彼は、スイスのダヴォスで毎年開催されている世界経済フォーラムにおいて、二〇〇八年一月、従来の在り方とは異なる資本主義への転換の必要を次のように訴え、それを「創造的資本主義」と呼んだ。

「純粋な資本主義体制では、裕福な人々のために働こうとするインセンティブは、多くの見返りが期待できるため高くなりますが、貧しい人々のために働こうとするインセンティブは、あまり見返りが期待できないため低くなります。とくに相手があまりに貧しい場合には、そうした人たちのために働こうとするインセンティブなど全くなくなってしまいます。だからこそ私たちは、裕福な人々のために機能している資本主義のさまざまな側面を、貧しい人々のためにも機能させるような方法を見つけ出さなければならないのです。

……企業が貧しい人々のために奉仕しようとすれば、常に利益を上げるというわけにはいかなくなります。そのような場合、市場にもとづいた別のインセンティブが必要となる。そのインセンティブが『評価』です。企業の活動が評価されれば、その企業の評判は上がり、顧客へのアピールとなります。

……その目指すところは、利益と評価を含む市場インセンティブが貧しい人々の生活を変革していく、そうしたシステムを設計することです」(『ゲイツとバフェット　新しい資本主義を語る』マイケル・キンズレー編、和泉裕子・山田美明訳、徳間書店)と。

同書は、ブルジョア世界の支配的な思潮からのいくつかの反論も含めて紹介している。以下は、ニューヨーク大学経済学教授・ブルッキングス研究所上級研究員のウイリアム・イースタリーのそれである。

「ビル・ゲイツは、二つの点において思い違いをしている。第一に従来の資本主義に対する非難に誤りがある。第二に、企業による慈善活動を過大評価している。

批判に誤りがあるというのは、従来の資本主義では貧しい人々を救うことができないと言っている点である。……企業は裕福な人々のさらなるニーズに応えるために生産を拡大しようとするとき、多くの非熟練労働者を雇い入れる。それによって貧しい人々の収入を上げることができるのである。……いくら道義心に訴えかけた慈善を勧めてみても、大半の人の行動に与える影響はごく限られている。……企業が受けるのは、その支援自体に対する評価であり、支援が貧しい人々に与えた影響に対する評価ではない。……PRさえうまくできれば、ゲイツ氏の言う、『評価』を得ることはできる」と。

ビル・ゲイツの「創造的資本主義」の提起と、それを契機に巻き起こった議論の歴史的意味は、三つある。

一つは、「あまりに貧しい人々」の問題が浮上し、世界トップクラスの大富豪さえ、「純粋な資本主義体制」に疑問符を付けざるを得なくなったということである。それは、産業の成熟（市場の飽和）、地球環境限界への逢着、モノから人（関係性）への欲求移行によって、慢性的な過剰生産の時代へ、絶対的過剰人口が膨張する時代へと突入したことにある。

イースタリーは、産業の発展を導き、新産業を勃興させて、大量の新規雇用を創出したかつての資本主義の例に引いてゲイツに反論している。だが「古き良き時代」の資本主義の例は、論拠にならない。そのような時代は終わっているのだ。今日の資本主義は、雇用を生み出さない資本主義、失業人口を傾向的に増大させていく資本主義なのである。

二つは、「創造的資本主義」も、問題を解決できないということである。

今日の絶対的過剰人口の増大は、物質的生産（＝産業）の発展を中心目的とした社会の在り方の終焉、人間（関係性）の豊かさを実現する社会の在り方の創出を求めている。資本主義は、利潤を目的とする一つの奴隷制である以上、たとえこの時代の要求に適合する方向で自己改造しようと、本質的に限界があるということである。その意味で、「企業による慈善活動を過大評価」するのは誤りだとするイースタリーのゲイツ批判は、当たっているのである。

三つは、ここに見られるゲイツの資本主義改造論の提起とこれに対するイースタリーの資本主義保守論からする反駁が、これからの一時代を通して拡大していく支配階級内部の葛藤を象徴しているということである。

ブルジョア階級は、資本主義をやり続けなければならず、巨大投機マネーの略奪的膨張運動を推進しなければならない。しかしそれは、絶対的過剰人口の増大、社会の分裂と崩壊を促進する。このジレンマが、これまで通り金儲けにまい進すれば万事うまくいくとする傾向（市場原理主義）と、労働者民衆を懐柔・包摂して社会秩序を維持することに腐心する傾向との、支配階級の今日的内部分裂を生みだしている。

ブルジョア階級もまた、歴史上の没落した支配階級がたどった道にはまり込んだということである。

②相対的過剰人口の膨張

産業（機械制大工業）の発展時代には、相対的過剰人口の存在は、労働者階級を資本の指揮・命令に服従させる条件であり、賃金を労働者階級の再生産に必要な最低限のレベルに引き下げて資本蓄積を可能にするテコであり、景気変動に伴う雇用調整の安全弁の役割を果たした。いわば、ブルジョア社会の発展を陰で支えた犠牲的存在だった。しかし、産業が成熟し、資本主義がその歴史的役割を終えたことによって、この人口部分の増大が絶対的過剰人口の形成とともに、社会崩壊の一側面として浮上しているのである。以下、見ていくことにする。

(i)膨張のメカニズム

今日の相対的過剰人口は、産業発展時代のそれとは大きく変化している。

相対的過剰人口の最大の変化は、その規模であるだろう。

今日の社会は、産業の成熟（市場の飽和）によって、生産規模の拡大や新産業の勃興がない時代に足を踏み入れた。われわれは、社会の総活動時間の中において、モノの生産に割くべき労働時間の割合が減少していく時代に足を踏み入れているのである。産業成熟下でも技術革新は急速に進むのであり、ますますより少ない労働時間でもって飽和した市場の要求を満たせるようになる。しかしそのことは、資本主義のシステムの下では、一人当たりの労働時間を減少させるのではなく、産業領域で働く労働者の減少をもたらす。産業（モノの生産）領域から排出される労働者の数が増大していくのである。

他方、今日の社会は、産業の成熟、地球環境限界への逢着、高次の欲求の高まりによって、重層的な社会的差別と自然環境破壊の社会構造を打破して、人間（＝社会的諸関係および自然環境との関係）の豊かさを実現しようとしている。こうした時代であるから資本も、人間を目的とする活動領域（育児・教育・学習、保健・医療、介護・福祉、環境保護など）への参入を、「人間を目的とする」という肝心のところをないがしろにする仕方においてだが、拡大しているのである。資本は、産業領域から排出された過剰人口をここに動員しようとする。しかし、利潤を目的とする一奴隷制である資本主義は、この社会領域をその意義に見合う在り方と規模をもって発展させることはできない。まして人間（関係性）の豊かさの実現という目的にそって、社会全体の在り方を再編成することなどできようはずもない。資本主義は、産業領域から排出され増大する失業・半失業人口をこの新たな基幹領域へと動員する上で、本質的限界をもっているということである。

過剰人口は、吸収のメカニズムを失った状態で、増大し続けるのだ。このために、相対的過剰人口は、労働者階級の大きな部分を構成するようになってきているのである。

(ii)状態の悪化

相対的過剰人口の状態が底抜け的に悪化していることも、変化の特徴である。

第一は、労働市場のグローバル化によって、先進国の相対的過剰人口も、発展途上国を含むグローバル市場の爆発的に増大する相対的過剰人口の一部になったからである。先進国の相対的過剰人口の就労機会と賃金水準は、「世界標準」に向かって引き下げる力に晒されているのである。第二は、相対的過剰人口が、ますます増大する絶対的過剰人口の圧力に晒される時代に入ったからである。そもそも相対的過剰人口の就労機会と賃金水準は、その最下層においては、ほぼ単身を維持するレベルにとどまり、労働力の再生産（子孫への継承を含む）が困難なレベルにあったが、いまや単身を維持することもできないレベルへと引き下げる力にさらされている。

(iii) 実存形態の変容

相対的過剰人口の実存形態も変容している。

相対的過剰人口の潜在的形態は、先進国の農業部門に潜在する形態が枯渇し、国際的な（発展途上国・新興国の）農業部門に潜在する形態が支配的となる。先進国の産業資本が、この人口部分を、現地国において現地国資本と並んで活用するだけでなく、国内に大規模に導入して「外国人」「移民」などを理由に安価な形で利用する。

相対的過剰人口の流動的形態は、工業部門の内部における従来の流動的形態と並んで、工業部門から人間を「労働対象」とする領域へと流動する形態が増大する。流動的形態も、経済のグローバル化時代の中で国際的性格を強めており、新たな流動的形態は産業の成熟が先行する先進国へと流動する形態において特徴的である。

相対的過剰人口の停滞的形態は、相対的過剰人口の潜在的形態なり流動的形態などから排出され、世界の大都市の基底に滞留する人口部分である。この人口部分の社会的構成は、社会的差別の凝縮となる。この人口部分には、「女性」や「高齢」を理由に不安定就労を余儀なくされる労働者が多くの割合を占める。資本が新産業を興すこともできず、新たに広がる活動領域にも不十分にしか適合できないため、労働市場へと新規に参入する若年層の就労の道はますます狭くなり、多くの若者が停滞的形態に組み込まれるようになる。

ⅳ 資本による全産業的利用

この相対的過剰人口が、資本によって、「全産業」的に安価な使い捨て労働力として利用されるようになったことも、大きな変化である。

相対的過剰人口の意識的利用が全産業的に広がっていることの理由の第一は、産業(モノの生産)領域が雇用拡大時代から雇用減少時代へと移行したこと、相対的過剰人口が傾向的膨張の時代になったことである。

戦後・高度成長期における産業資本は、基本的に正社員・本工の雇用形態に立脚してきた。労働力のひっ迫傾向と急速な産業発展が、熟練労働力の囲い込みを企業に強制したのである。相対的過剰人口の利用を基本にしていたのは、建設・土木、港湾荷役、造船など請負生産の性格が強い一部の産業資本だけであった。しかし今日、その様相は一変しているのである。

今日、産業資本は、産業の成熟(市場の飽和)および相対的過剰人口の傾向的膨張という環境の中で、最初から雇用の縮小に備えて相対的過剰人口(使い捨て労働力)の意識的利用をやっているのである。今日の非正規雇用は、相対的過剰人口の雇用を超えて、常用層の雇用形態に一段と広く及んでいる。それも、産業資本の「備え」の現れである。

理由の第二は、利潤率が低下する一方になったため、雇用の非正規化をテコに労賃を引き下げるインセンティブが強まったことである。

理由の第三は、情報ネットワークシステムの発達と相対的過剰人口の膨張とによって使い捨て労働力の利用が容易になったことである。

理由の第四は、これからの時代にリード的基幹的な地位を占める社会活動領域に参入する資本が、使い捨て労働力の利用を基本にしていることにある。

これからの時代にリード的基幹的な地位を占める社会活動領域は、人間を「労働対象」とする領域である。人間を「労働対象」とする社会活動は、対象的自然を労働対象として、それとの間で（労働手段を媒介に）物質代謝をおこなう本質的な意味での産業ではない。人間を「労働対象」とする活動は、これまでは産業の従属的部分（労働力再生産活動）に押し込められていたが、将来的には人間（＝社会的諸関係および自然環境との関係）の豊かさを実現する社会の基幹を構成する活動となるものである。

しかし資本は、モノが労働対象である場合と人間が労働対象である場合の違いを認めない。資本は、人間が労働対象である活動領域をも「産業」の範疇に押し込め、「サービス産業」「教育産業」「医療産業」等々と呼称し、位置づけるのである。

人間が「労働対象」である活動の在り方は、モノが労働対象である場合のそれとはおのずと異なる。そこでの活動は、相互の対話、相手（個別性）の尊重、信頼関係の形成が問われ、相互扶助関係の発展に結実していくものである。

しかし資本は、この領域に適合することを労働者に要求はするが、上辺だけのものでしかない。資本は、あくまで利潤目的を優先し、利潤目的のために労働者を犠牲にすることで存立しているからである。資本が組織する労働は、モノの生産と同様、労働の一方的支出で終わるものであり、相互扶助関係を発展させることはないのである。

資本は、「労働対象」がモノではなく人間だということに、本質的違いを見出さない。資本がそこに見出すのは、新たな参入領域が究極の「請負産業」だということだけである。資本にとって、「需要」の質的多様性と頻繁な増減に対処する仕方は、基本的に使い捨て労働力の利用である。そして人間を「労働対象」とする活動領域が社会のリード的・基幹的な地位を占めていくとともに、この領域に「適合」した非正規雇用形態の利用が他の全産業に拡張されていくことになる。

人間（関係性）の豊かな発展のための活動が、使い捨ての賃金奴隷によって担われる。究極のパラドックスである。

(v)新たなシステム創造への闘い

今日の相対的過剰人口の膨張は、絶対的過剰人口の境遇を自己の運命とする層の膨張である。この層はその膨張とともに、就労と生活の不安定、生存の危機、人間的尊厳の否定、希望の喪失などを社会全体に及ぼす。それは資本主義が、人間の時代への三つの契機という基盤の上でなお自己を維持するためにもたらす社会破壊作用の一つに他ならない。

しかし相対的過剰人口の膨張が既存の社会を崩壊させていくもう一つの側面を見落としてはならない。それは、この層においても始まっている新しい社会の創造への胎動である。

相対的過剰人口が抱える最大の課題は、「仕事」である。人間（関係性）の豊かさを実現する方向で、社会的活動を拡大・発展させることが求められているにもかかわらず、資本主義によって制約されている。この制約と闘い、NPO・協同組合・社会的企業などの諸形態をもって、「仕事」を大規模に創造していくことが求められているのである。

それは、絶対的過剰人口に属する労働者の就労・生活確保事業とリンクして相乗的に発展するだろう。同時にこの発展は、就労層に対する失業層の圧力を緩和し、就労層と失業層の階級的連帯を促し、資本に対する階級闘争が発展する上でのよき環境となるに違いない。

相対的過剰人口が抱える二つ目の課題は、職業・技能訓練である。その層は、社会的分業の特定の分節（職種・技能）に特化していることで余儀なくされる失業の危険に、とりわけ強く晒されている。産業構造の変化によってこれまでの職業・技能が社会的に不要になったり、何らかの理由で他の領域にしか就労機会がない場合、たちまち生活に窮することになる。それゆえ、多様な職種への就労を可能にする充実した技能訓練システムの構築が必要になる。

相対的過剰人口が抱える三つ目の課題は、職業紹介の安定的なシステムである。この現場で就労できなくなれば別の就労現場を探さねばならないという状態に日常的に置かれている不安定性からの脱却である。そのためには、仕事の大規模な創造とともに、労働条件の整った就労現場を紹介する労働者自身のネットワークの構築が必要である。ピンハネを業とする派遣会社・手配師制度は廃止していかねばならない。

相対的過剰人口の今日的膨張は、こうした課題を社会的に浮上させ、ブルジョア社会の在り方との衝突を拡大させずにはおかない。

③労働者階級・就労層の危機

労働者階級は、就労層と失業層から成っている。労働者階級を就労層に限定したり、就労層をこの階級の本隊だと言ってランク付けする人もいるが、それは誤りである。資本は、就労層にいつでもとって変えられる失業労働者なしには、就労層を自己の命令に服させることができない。ブルジョア階級に対立する階級としての労働者階級は、就労層と失業層が団結してこそ、ブルジョア階級と真に対抗できる存在なのである。

相対的過剰人口の限度を越えた数の増大と状態の悪化は、就労層中核部分である正規労働者の生存をも危うくさせている。就労層中核部分の正規労働者は、仕事にしがみつかざるをえなくなり、長時間・過度労働、パワハラ、労働安全無視等々に耐え、「過労死」「うつ」「事故」などに追い込まれているのである。

産業の発展時代には就労層が、労働者階級の人数に占めるその割合も大きく、社会的・政治的な規定性も高かった。しかし産業の成熟時代になると失業・半失業者（絶対的・相対的過剰人口）が、その割合を増し、社会的・政治的な規定性を高めることになる。それは、労働者階級・就労層の雇用形態、賃金制度、労働時間などにも刻印される。

雇用形態においてはどうか。

今日の労働者階級・就労層の雇用形態は、相対的過剰人口に一般的な非正規雇用の割合が大きくなっている。相対的過剰人口だけでなく、それなりに安定的な就労層にまで、非正規雇用形態が拡大されているということである。正規雇用形態は、就労層の中核に限定される傾向にある。かつては、就労層の大多数が正規雇用であったが、様相は一変しているのである。

もっとも、新興諸国の労働者階級は、全面的にではないにしろ産業発展時代の経済環境の中にある。そこでは労働者階級の就労層はその数と結束を増大させながら階級全体の中において規定的地位を占め、生活の物質的豊かさを追求して闘っている。そうした中では、雇用形態における正規化のベクトルは強く作用する。とはいえ、世界史的にはそのような時代は終わっているのだということをおさえておかねばならない。

いまや相対的過剰人口・非正規労働者の流動性は、企業の内部に深く及んでいる。それは一面で労働に対する資本の支配を強めるテコとなっているが、他面で企業への帰属意識を持たない労働者の増大を意味する。

賃金制度においてはどうか。

機械制大工業の発展時代は、傾向的に労働力の供給が逼迫し、賃上げ圧力が働いていた時代だった。またこの時代には、夫は家庭外で労働、妻は家事・育児という性別役割分業で成り立つ家族が標準化していき、これを前提とした賃金制度が形成された。男性労働者の賃金には、扶養家族の生活費が組み込まれた（これに対応して女性労働者の賃金は家計補助的なものでよしとされた）。これが大きく変化したのである。

産業発展時代が終わり産業成熟時代になると、賃金制度において次のような特徴が現れる。

一つは、賃金引き下げのベクトルが強く働くことである。絶対的・相対的な過剰人口が傾向的に膨張しだしたからである。二つは、産業発展時代に企業別賃金・年功賃金が一般的だった諸国でも、仕事給が広がっていくことである。「非正規」「過剰人口」の性格が強い層ほど、仕事給にせざるを得ないからである。三つは、男女の賃金差別を廃止するベクトルが強く働くことである。女性が関係性の豊かさの実現欲求を強め、人間を労働対象とする領域の拡大に支えられて大規模に社会進出したからである。また仕事給が拡大する前記の趨勢も、男女の賃金差別の廃止にプラスに作用する。

この変化は当面のところ資本の主導で、労働者相互の競争と対立を強め、賃金を引き下げる方向に向かっている。しかしまたこの変化は、男女の労働者の連帯にとって、企業の枠を超えた労働者の連帯にとって、さらには正規・非正規の違いを超えた労働者の連帯にとって、プラスに転化する条件ともなりうるものである。

労働時間においてはどうか。

今日、労働者階級就労層・正規雇用労働者の長時間・過密労働が問題となっている。今日のそれは、資本の一般的な性向に解消して論ずることはできない。

ブルジョア階級は、剰余価値（本質は剰余労働時間）の取得を目的としている。剰余労働時間とは、労働者が労働手段を使って労働対象に形態変化をもたらすのに要した労働時間から、必要労働時間（労働力の再生産に必要な商品を生産するのに要する労働時間＝賃金分）を差し引いた剰余である。したがって、剰余労働時間を増大させる方法は、二つある。一つは、必要労働時間を超える労働時間部分を絶対的に増大させる方法。もう一つは、資本の有機的構成（生産において労働手段が占める比重）を高度化して労働生産性を高め、労働力再生産費を低廉化することによって、つまり必要労働時間を短縮することによって、剰余労働時間を相対的に増大させる方法である。

機械制大工業の発展時代には、後者の方法による剰余労働時間（剰余価値）の増大の追求が、相対的に推進的役割を果たした。それが実現されてきたのは、市場の地理的拡大が、また産業・消費構造の質的飛躍による市場の拡大が可能だったからである。

しかし、産業が成熟し、市場が飽和した時代になると、そうはいかなくなる。市場の拡大がなくなる時代になると、商品生産量の増大をともなわずにはおかない資本の有機的構成の高度化は、剰余価値（利潤）を増大させる方法としては、採用しにくくなるからである。

このような時代においては、剰余価値（利潤）の増大を企図する資本は、労働者一人ひとりの労働時間を引き延ばし、労働密度を高める方法に頼る傾向を強める。今日の資本が、長時間・過密労働に執着しだしているのには、こうした時代的背景があるのだ。

資本は、失業層が増大する中で強まる解雇・野垂れ死にの恐怖を利用して、労働者に長時間・過密労働を強制する。そして就労層の長時間・過密労働それ自体が、失業者を増大させ、資本の就労層に対する専制支配を強め、資本による長時間・過密労働の強制を打ち固める。こうして労働者階級の就労層、正規雇用労働者は、過労死へと向かう働き方を強いられていくのである。

社会は、巨大投機マネーの膨張と絶対的過剰人口の増大とを両極に、産業資本と労働者階級就労層の矛盾をも拡大しつつ、二極化している。その結果一方に、社会と隔絶されて浪費を謳歌する世界が生まれ、他方に、資本に使い捨てられ、生存の危機に追い込まれ、働く意欲を摩滅され、社会的死の淵に沈んでいく労働者の世界が広がる。社会が分裂・崩壊していく。

労働者階級の就労層は、この事態に抗して生きるために闘う。労働者はこの闘いの中で、労働者に生存を保障しえなくなった資本主義とは異なる道の選択を求められる。そこでは、労働手段の私的所有の廃絶と事業の労働者管理が課題となる。

④階級であって階級でない主体へ

社会の崩壊は、当該社会の伝統的階級秩序が崩れだすところに、端的に見ることができるだろう。かつて階級のない社会は貴族と平民の関係が台頭することで崩れだし、国家を生み出して貴族社会へと移行した。かつて貴族と平民で成り立っていた社会は、地主と農奴の関係の台頭で崩れだし、地主国家の樹立により再編成された。かつて地主と農奴の関係を基軸に成り立っていた社会は、資本家と賃金労働者の関係の台頭で崩れ出し、ブルジョア革命へと至った。

かつてと同じように今日、資本家と賃金労働者の関係を基軸に成り立ってきたブルジョア社会は、その内部に新たな社会関係が形成されだすことによって崩れ出している。かつてと異なるのは、その新たな社会関係が階級関係でないということ、人間（関係性）の豊かさへの欲求に導かれる階級のない社会関係だということである。そこでは労働者階級は、新たな搾取階級なり新たな被搾取階級に転変するのではなく、階級ではなくなるのである。

イギリス産業革命にはじまる約二百年間は、資本・賃労働関係が拡大再生産された時代だった。この時代は、階級と階級対立が厳然と存在し拡大した時代だった。そこでは終始、階級としての団結が問われた。だがその階級秩序は、今や崩れだしたのである。

資本主義にとっての絶対的過剰人口の形成は、その最初の現れであるだろう。歴史上、支配的な階級秩序が崩れる際には、こうした人口部分が出現している。資本主義の場合も例外ではないということである。

そしてより重要なのは、労働者が、人間（関係性）の豊かさの実現を目指して新たな社会関係を創造し始めていることである。新たな社会関係を創造し始めた労働者は、資本・賃労働関係の内に位置づけられる労働者ではなくなっている。

すなわち今日の労働者階級は、絶対的過剰人口への移行を強制された人々、階級のない社会関係の創造主体へと転換した人々を含んでいる。こうした中で今日の労働者は、階級のない新たな社会関係を創造するために闘いながら、これと並行して資本に対する階級としての闘いを展開することが求められているのである。

労働者階級は今や現実に「階級であって階級でない」存在になってきている。それは、社会の崩壊を象徴する事柄である。

［2］社会システムの崩れ

①限界に逢着する生産・物流システム

資本主義的な生産・物流システムは、限界に逢着している。その根拠は、実体経済をないがしろにする社会状況、労働の包摂の困難化、限界まできた都市と地方の分割、である。

以下見ていくことにする。

(i)実体経済をないがしろにする社会状況

マネーゲーム資本主義の台頭とそれが生み出す絶対的過剰人口の増大が、生産・物流システム（実体経済）をないがしろにする社会状況を作り出している。

産業の成熟、地球環境限界への逢着、人間（関係性）の豊かさへの欲求は、人間（関係性）の豊かさの実現に直接に関わる相互扶助領域を、社会のリード的・基幹的活動に押し上げた。しかしこの領域は、機械制大工業の領域のように資本の投下領域に適しているとは言えない。否、人間に対する支配と搾取を本質とする資本にとって、人間（関係性）を大切にする態度が問われる相互扶助領域は、極めて不適合な領域なのである。そのため、産業領域において過剰化した貨幣資本は、その少なからぬ部分が行き場を失い投機マネーに転化してきたし、転化しつつある。そしてその対極に、絶対的過剰人口を形成し増大させている。

すでに先進国では、投機マネーも失業者も、実体経済から遊離し発生したというその痕跡を失いつつある。行き着く先は、博打に明け暮れる少数の大金持ちと生活保護や国際経済援助などに依存させられている多数の人々によって特徴付けられる社会である。そこでは、社会の土台である生産・物流システムはないがしろにされてゆく。

この事態を打開する道は、資本主義的協働関係の回復による産業発展時代への回帰ではない。このような回帰は、基本的にはありえない。あるとしたら、戦災や自然災害などによって産業が大打撃を被る場合である。しかしこうした事態が生ずるとしても、その復旧とともに再びマネーゲーム資本主義が成長し、再び生産・物流システムをないがしろにする社会が現れてくるだけのことである。

この社会状況の打開の道は、人間（関係性）の豊かさへの欲求を推力にした新たな協働関係と地域社会の創出である。

(ii)労働の包摂の困難化

実体経済において、資本による労働の包摂が困難化してきている。

かつて資本主義は、産業（機械制大工業）の嵐のような発展を牽引した。その時代の人々は、物質的生活の豊かさの実現を中心的欲求としていた。資本の支配と搾取に対する人々の怒りと反抗は、賃金の引上げと国家による所得再分配によって基本的に繰り返し包摂された。産業の発展時代という歴史的条件が、資本の自己増殖と労働の包摂の両立を可能にしていたのである。

しかし今日、先進国では産業の発展時代は終わった。資本の自己増殖と労働の包摂が両立しなくなる。

資本は、マネーゲームによる自己増殖に多くを依存し、労働の包摂に関心が無くなった。そうした中で実体経済において機能する資本部分は、過剰人口の膨張に頼って、労働者の使い捨てと賃金の引き下げを一般化してきた。資本は、飢えの規律に頼るのみで、労働にたいする包摂力を衰弱させてきているのである。

社会的影響という意味で重要なのは、産業成熟時代のリード的・基幹的社会活動である相互扶助領域(育児、教育・学習、保健・医療、介護・福祉、自然環境保護など、経済的には労働力再生産部門)における労働の包摂の困難性の問題である。

この領域の諸活動の意義は、人間(関係性)の豊かさの実現にあり、人と人の相互信頼に基づく関係の発展にある。単なる労働力の支出では、ほとんど意味を成さない。金銭関係、資本・賃労働関係、利潤目的の介在、さらにはマネーゲーム資本主義の影響は、豊かな関係性の芽生えを摘み取り、時には関係性そのものを台無しにする。社会のリード的・基幹的活動領域(経済的には労働力再生産部門)において芽生え発展する豊かな関係は、社会全体の関係性の規範となるが、逆にその破壊は社会全体の関係性の崩壊、生産・物流システムにおける資本による労働の包摂の破綻へと波及する。

資本は、生産・物流システムにおける労働の包摂の困難に対して、次の二つの方向で対処する。一つは、完全自動化（労働のメインテナンス労働化）、ないしは分業の固定を廃したチーム労働化である。もう一つは、徹底した使い捨てである。前者は、資本主義を不要化する方向での「解決」であり、後者は、社会（人間）を破壊する方向での・政治的限界に逢着する「解決」である。実体経済において機能している資本は、両者の組み合わせによって、労働を包摂し自己増殖運動を継続しようとしている。だがこうした「解決」は、それはそれで資本による労働の包摂の困難を増幅する。

(iii)限界まできた都市と地方の分割（対立）

都市と地方の分割が、限界にきている。

都市と地方の分割は、精神労働と筋肉労働の対立が作り出した最大構造である。

都市は、農業・牧畜の時代の幕開けとともに、姿を現した。それは、定住化、剰余生産物と剰余労働力の発生、相対立する階級への社会の分裂としてある人類社会の大変動の結晶であり、産業と交易の発展を促進するものだった。歴史上の最初の都市は、諸氏族間の軍事同盟、国家と宗教による社会の統合、産業上の構想・指令機能、市場機能などの必要から形成された。都市の形成によって、社会は都市と地方に分離された。

ブルジョア社会になると、伝統的都市と並んで工業都市が生まれた。あるいは伝統的都市が、工業都市へと急速に変貌した。都市と地方の対立は、精神労働と筋肉労働の対立としてだけでなく、工業と農業の対立としても現れた。都市は、資本蓄積の場として、また過剰化する農村人口を吸収して工業労働者に転化する場として機能し、産業的飛躍のテコとなった。

しかし今日、先進国の中心都市は、産業の成熟と工業の海外移転によって、投機マネーと絶対的過剰人口が集積し、精神労働と消費に特化してゆく寄生的国際都市へと変貌してしまっている。そこでは、金融・情報・管理領域の活動、商業活動、娯楽・福祉・教育・医療・環境領域の活動が、物質的生産労働から遊離した形で、発展途上国の人々を奴婢的労働力として導入しながら増大する。過度の消費と廃棄が生じ、社会の腐敗と環境破壊を促進する。先進国の地方では、産業の解体、過疎・高齢化、環境荒廃、要するに生活の衰退・消滅が進む。

先進国の寄生的国際消費都市は、世界的搾取・収奪体系としての生産・物流システムによって支えられている。この生産・物流システムは、都市と地方の分割（＝対立）をグローバルなステージで窮極化し、それ自身を政治的に不安定化していくのである。

増大する高次の欲求は、この構造を打破して新たなシステムを創造する推進力である。

人間（関係性）の豊かさへの欲求は、人を特定の分業領域に緊縛し、あるいは失業を強制するところの既存のシステムの変革へと向かう。それは、年齢その他の相違を問わず全ての人々が、自己の欲する社会活動領域に精通でき、実際に携わることできる地域社会の構築へと向かう。地域社会全体はもちろん、個々の生産・生活領域もまた、人間（関係性）の豊かさへの一人ひとりの欲求に応える場へと再編される。これは、産業の発展から人間（関係性）の豊かさの実現へという目的の転換に対応した社会の一大再編成となる。労働時間の大幅な削減は、この一大再編成の不可欠の環である。
地域社会が構造を変える。その要に相互扶助領域が据えられる。職・住近接、地産・地消、産業・活動領域の多様化が追求される。この地域社会の再編成は、とりわけ子どもたちや、障がい者・高齢者にとって重要であるだろう。

このような地域社会の再編成は、全体としての社会の構造を変えずにいない。全体としての社会は、自律的な地域社会の広域的・国際的なネットワークとなり、都市と地方の分割、および、先進国経済の略奪的・寄生的性格は、おのずと解消する。自然的・社会的な災厄にも強靭な社会となる。

しかし現実には、アメリカ帝国システムと諸国家が、寄生的な国際消費都市とそれを支える生産・物流システムを防衛している。その下で限界まできた都市と地方の分割（対立）は拡大し続け、生産・物流システムをますます不安定化させる。その中で高次の欲求に突き動かされて、この対抗的流れが成長していくのである。

＊

尚、資本主義の生産・物流システムの機能不全は、賃労働の搾取に基づく資本家的所有の危機でもある。われわれは、資本家的所有の動揺を、非営利団体、協同組合、社会的企業などの所有形態の拡大に見ることができる。

②教育システムの崩れ

(i)人間社会と教育・学習

教育・学習は、人間社会の存立にとって、極めて重要な要素である。

人類以外の多くの生物種は、対象的自然との間の物質代謝のための主体的条件を、その身体的形態として、生まれながらに保持している。「学習」の成果は、基本的にその身体的形態として蓄積される。たしかにある種の高等動物は、親や集団からの「教育」を必要とするし、それを世代的に継承する。ただそこでの教育も、身体的特徴の活用というレベルを大きく超えるものではない。

これに対して人類の場合は、対象的自然との間の物質代謝を、基本的に労働手段をもってする。対象的自然の変化に適応するのに身体の形態変化をもってするのではなく、労働手段の形態変化をもってする。人類は、環境の変化や欲求の発展に対応して、この労働手段(およびそれを活用するための技術やシステム)を代々発展させてきた。このため人間は、自己にとって外在的に発展するこの領域について教育・学習しなければならず、そのことを自己の生存のために不可欠な条件としてきたのである。

とはいっても採集・狩猟時代の人類の物質代謝活動においては、他の生物種と同様、人間・労働手段・労働対象(本質的には対象的自然)の三要素の内、対象的自然の地位が支配的であり、労働手段と人間の地位は従属的であった。

農・牧業が広がり、私有財産制度と階級が生まれ、国家が形成される時代になると、人間の物質代謝活動において労働手段が支配的意味を持つようになる。この時代になると教育・学習活動は、狭い意味での物質代謝活動の領域を大きく超え、国家の運営や宗教活動などの分業の発達にともない多様化しつつ、独自に発展するようになる。文字の発明がこれを支えた。

農・牧業の時代には教育・学習が独自に制度化されるようになるが、それは基本的に支配階級（身分）の世界においてであった。そこでは、宗教組織が大きな役割を果たした。民衆の教育・学習は依然、家族や地域共同体の日常的な生産・生活の中で行われていた。

資本主義に牽引された機械制大工業の発展時代になって、労働手段の支配的地位は確固たるものとなる。労働手段（資本）が、人間と対象的自然の上に君臨する。この時代の教育・学習制度は、年少世代を対象とした国民皆教育の学校制度によって特徴付けられる。

学校は、家族や地域（当初は圧倒的に農民・農村）からその子どもたちを引き離し、工場労働に必要な知識と規律を身につけさせて資本に提供する役割を果たした。また学校は、国民国家の構成員としての自覚（愛国心と国家への服従態度）を子どもたちに植えつけるとともに、国家に兵を提供するという役割を果たした。同時に学校は、国家および資本が必要とするエリート官僚を選抜する役割を果たした。学校制度は、機械制大工業の発展時代において、その機能を遺憾なく果たしたのだった。

しかし今日、ブルジョア社会の教育が根底から崩壊し出しているのである。

(ii)根底的な教育崩壊

今日進行する教育の崩壊は、根底的である。

第一に、ブルジョア社会の目的（それは教育の目的でもある）が、人々の欲求と乖離し対立するようになってしまったことである。

ある社会における教育は、その目的が大多数の人々の欲求と基本的に一致する場合にのみ、人々に受け入れられ、社会的に意味ある役割を果たす。ブルジョア社会の教育目的の本質をなす「富国強兵・殖産興業」「経済成長」は、労働者民衆が物質的豊かさの実現を求めていた時代には、社会的統合力を有していた。だからその時代の教育は、労働者民衆の力を引き出し、社会（人々）の目的（欲求）の実現に寄与したのである。

しかし、今日の人々の欲求の重心は、産業の成熟、地球環境限界への逢着という到達地平の上に立って、物質的豊かさの実現から人間（関係性）の豊かさの実現へと移行してきている。この高次の欲求は、支配・隷属、競争、格差、環境破壊などの対立的諸関係の廃絶へと向かわずにはおかないものである。それは、精神労働と筋肉労働をはじめとした分業の各分節への人間の隷属や剰余労働の搾取の廃止へと向かわずにはおかないものである。すなわちこの高次の欲求は、国家の強化（覇権の拡張）と資本の拡大再生産に奉仕するというブルジョア社会の教育目的の否定へと向かわずにはおかないものなのである。

ブルジョア社会の目的は、人々の欲求のこの変化・高次の欲求の増大によって、社会的統合力を喪失してしまっている。それは、歴史的役割を終え、時代遅れになったのだ。しかし支配階級は、人々の高次の欲求を社会の中心目的へと高め、教育の在り方の中に貫くことができない。今日の教育崩壊の最大の根拠はここにある。

第二に、ブルジョア社会の価値観（それは教育内容に組み込まれる価値観でもある）が人々の欲求と乖離し対立するようになってしまったことである。

社会が成り立つためには、生起する諸問題が、社会的に了解されている価値観に基づいて処理されることも必要である。それには、価値観の体系が社会的に定まっていることが不可欠である。価値観の体系が混迷した社会においては、教育も混迷せずにはいない。

ブルジョア社会の価値観教育は、「権利」を尊重する態度、および、「権利」主張の「行き過ぎ」を戒める態度、この二側面からなる態度を培う教育だと言える。ブルジョア社会では、「権利」がブルジョアの地位と財産を保障する大義名分であり、「権利」が労働者民衆の生存とささやかな自由を確保する防波堤である。「権利」は、人々が自己の利益を侵害から守る際、あるいは自己の利益を拡張する際、闘いに正当性を与える旗印である。「権利」をめぐる闘争と妥協を介して、ブルジョア社会の秩序が再生産されてきた。

ブルジョア社会は権利の体系によって、分業体系の各分節への人々の隷属を安定させてきた。それは、人間を分業に隷属させる際、身分制度という経済外的強制に拠ったそれ以前の社会と異なるところである。

とはいえ資本主義と市場経済が支配的かつ前進的な役割を果たしていた時代においても、社会的対立の全てを「権利」の見地から裁けるわけではなかった。宗教的価値観（道徳）が、これを補完していた。

このような権利体系は、資本主義が産業発展を牽引していた時代には機能した。それは、激化する社会的諸矛盾を増大する物質的豊かさの配分調整によって社会的に包摂する際、価値判断の基準として機能したのである。しかし産業発展の時代が終わり、自己増殖運動を止めることのできない資本がマネーゲームによって既存の富を略奪してゆく時代に入るとともに、「権利」は社会を成り立たせる価値基準から社会の崩壊を促進させる価値基準へと転化しだしている。社会に社会的富を配分調整する余裕が失われ、「私有財産権」を盾にした弱肉強食の論理がまかり通る中で、民衆も「権利」を盾に自己防衛の殻に閉じこもり、関係性の崩壊が進行しているのである。

ブルジョア社会の価値観のかかる危機において、出番と「期待」される宗教も、権利体系の地平を発展的に止揚するのではなく、むしろそれを後退的に否定する主張を前面化させるなどして、かえって社会を混迷させる要因になってしまっている。そうした中で、人間（関係性）の豊かさへの欲求が、私有財産権を要とする権利体系に代わる今日的な相互扶助の価値観を生み出そうとしているのである。

世の中の価値観は、歴史的な大混迷期に入っている。それが、既存の教育を混迷させているのである。

第三に、ブルジョア階級が就業を保障できなくなったことである。

教育は、社会的貢献の道（就業）が開かれていて初めて能動的に受容される。だが人々の就業は、ますます困難になっていく。現代は、資本の中位の増殖欲求に比して相対的に過剰な人口が増大するだけでなく、資本の増殖欲求にとって絶対的に過剰な人口さえも形成され膨張していく時代である。こうした中では、ますます多くの人々が、学習意欲を喪失させられていく。学習意欲を喪失した人々を前にしては、教育はただ佇む以外ない。

(iii) 学級崩壊

教育崩壊の集中的現われが、学校・学級崩壊である。

原因の第一は、工場労働に必要な最低限の知識と規律を身につけさせるための国民皆教育部分がその意義を大幅に失って、エリート（管理者・研究者）選抜教育システムの内に吸収・統合され、この選抜システムを肥大化させていることである。これは、大部分の子どもたちに、とりわけ絶対的ないし相対的な過剰人口へと投げ込まれる子どもたちに、過大な時間的空費と精神的屈辱をもたらし、彼ら・彼女らの社会的自立を阻害するものとなってしまっている。これをさらに増幅しているのが、投機マネーの利益にかなったあからさまな競争原理の学校教育への導入である。こうしたことが、子どもたちにとって、学校を耐え難いものにしているのである。

原因の第二は、産業の成熟と物質的豊かさを前提とする社会環境の中で生まれた子ども世代の登場である。この世代の欲求（目標）は、産業の発展・物的豊かさの実現ではない。この世代においては、人間（関係性）の豊かさの実現欲求が強まっている。また産業成熟時代の資本主義の態様であるマネーゲーム資本主義の影響によって、極端な自己中心主義に陥る傾向もある。このような子ども世代が、国家や資本への服従態度を植えつけるための学校システムと相容れず、適応できないのは必然である。

原因の第三は、こうした学校生活がますます長期間になっていることである。人は人生の最初の段階で、自己の欲求と実生活から乖離した教育・学習に長期間拘束されることによって、これからの時代に求められる自己（関係性）の豊かさを創造していく思想と協働労働能力の獲得を妨げられてしまうのである。こうした中では、学校が隔離された世界だということにも助長されて、いじめが横行する。

ブルジョア社会の学校制度は、機能麻痺と崩壊の過程を辿っているのである。

ⅳ 諸対策の限界

支配階級は、教育・学習システムの機能麻痺と崩壊を押し止めるべく、対策をとる。投機マネー好みの競争原理の導入もその一つだが、それはかえって事態の悪化を加速するだけのものである。もう一つは、民衆の間で増大する人間（関係性）の豊かさへの欲求を取り込む対策である。「生きる力」をつけさせる教育というのがある。良いことだ。

だが、「生きる力」とは何かである。大自然のただ中で生きる力か、国家・階級・産業発展の時代において生きる力か、それとも人間（関係性）の豊かさを実現する時代を生きる力か、で大きく異なる。そもそも「生きる力」が問題化したということは、既存の体制が生きる道を保障できなくなったからである。既存の体制が、生きる道を保障できないにもかかわらず、「生きる力」の教育をやるというのは、一つの欺瞞であるだろう。

「地域に開かれた学校」というのがある。これも良いことだ
しかしそもそも学校は、地域住民から子どもたちを隔離し、国家と資本の為に教育するシステムとして創られた。この本質を固守したままの「地域に開かれた学校」は、時代の欲求を少しばかり取り込むことで社会を欺瞞するものでしかない。それに肝心の地域社会や家族が、人と人、人と自然の豊かな関係を育むどころか、関係の崩壊に陥っている。

「職業訓練制度の拡充」というのがある。

ブルジョア社会の教育制度は、その対象が年少・青年世代に圧倒的に限定され、中高年世代に対する教育・学習保障を欠いている。そのため年少・青年世代に学習への過大な社会的重圧がかかる一方、中・高年世代は教育・学習の条件から疎外され、自己（関係性）の豊かな発展の道を閉ざされている。「職業訓練制度の拡充」は、大いに結構なことだ。しかし仕事が無いのでは、これも欺瞞的なものにならざるを得ない。


「生涯教育」というのがある。

良いことだ。人間（関係性）の豊かさへの欲求の増大に応えるものであるだろう。だが、資本主義という利潤のために人間（関係性）を損なうシステムが支配的システムとして依然作動し続けている。しかもマネーゲーム資本主義だ。それは、あらゆる世代の教育・学習にとってマイナス要因として影を落とす。この問題を脇に置いた「生涯教育」は、教育内容と教育条件のいずれにおいても体裁を取り繕うレベルに止まらざるを得ない。

このように、人間（関係性）の豊かさへの欲求を教育・学習システムに取り込もうとする政策は、

欺瞞的なものに止まり、システムの機能麻痺と崩壊を押し止めることはできない。その結果こんどは、マネーゲーム資本主義の台頭を背景にした新自由主義潮流が、教育の改革を標榜しながらあからさまな競争主義を持ち込み、システムの機能麻痺と崩壊を一気に加速することになるのである。既存の教育・学習システムは、社会の大きな時代的変化の中で変革を迫られている。しかしそれを実現できるのは、支配階級のあれこれの潮流ではありえない。

③家族の崩れ

(i)家族

家族の起源は、採集・狩猟時代の血縁共同体にある。それは、他の多くの動物種と同様の、縄張りの防衛、採集・狩猟、子育てなどのための共同体であった。この血縁共同体は、社会の構成部分ではなく、社会そのものであった。全体としての血縁共同体とその部分としての家族の紐帯は、強固だったであろう。

なお、「血縁」ということで言えば、人類全体が、一人の母から生まれて増殖したということであるから、濃淡はあるにしろ「血縁」関係にあると言える。ここでは、「血縁共同体」をそうした生物学的意味においてではなく、社会システムの歴史的一形態として述べている。

農業・牧畜時代になると、剰余生産物の蓄積が可能となり、産業発展がもたらす物質的豊かさへの欲求が増大する。農業・牧畜の組織者が剰余生産物を占有するようになり、同時に、財産（農地・家畜や剰余生産物）の略奪を目的とする戦争が拡大する。こうした内部矛盾と対外戦争の拡大に対処する必要に促され、複数の血縁共同体（氏族）が連合し、国家・身分制社会へと自己止揚してゆく。それに伴って、血縁的近親という意味での家族が、財産の私的領有主体として大きな意味を持つようになる。家族の中での財産の世代的継承を確かなものとするために、家族の直系男子による支配が確立されてゆく。

この時代の家族の大部分は、農業・牧畜と子育てにたずさわる小共同体であった。家族は、日本や西欧のように地主的土地所有が発達したところでは、地縁的関係も強めた。

ブルジョア社会（工業時代）になると、農業・牧畜と子育てのための小共同体である家族は、資本蓄積（機械制大工業の発展）のための労働力再生産システムへと急速かつ大規模に再編成されていくことになる。それは、農村から都市への人口の大移動であり、家族からの生産・教育機能の剥奪、その単なる生活単位への転変と核家族化を意味した。

労働力再生産システムとしての家族は、夫の労働力を維持するための家事と新たな労働力を育てる育児とを役割とし、その役割を妻（＝母）に専門的に分担させる仕組みを基本形態とするものだった。この労働力再生産システムとしての家族が、今日、崩壊しだしているのである。

(ii)家族崩壊の要因

今日、家族の崩壊を社会問題化させている要因の一つは、ブルジョア社会の家族に組み込まれている夫の妻に対する経済的支配（性別役割分業）と親の子どもに対する経済的支配が、家族を構成する各人において高まる豊かな関係性の実現欲求と両立せず、家族関係の形成・維持にとって桎梏に転化したことにある。

物質的豊かさの実現（＝社会的地位の上昇）が支配的欲求であった産業発展時代の社会においては、資本蓄積（産業発展）のために、家族が労働力再生産の役割を果たすことが、社会の目的と個人の欲求の内に位置づけられていた。高次の欲求の萌芽も、その下に封じ込められてきたのだった。しかし今日、人間（関係性）の豊かさへの欲求が主要な欲求へと浮上し、夫の妻に対する支配・親の子に対する支配を突き崩しはじめている。その原動力は、家事・育児領域への緊縛からの解放を求める女性たちと、将来社会を先取りする子どもたちである。それは、家族が相互に欲求を尊重し調整するという点でも、欲求の実現に必要な時間的・経済的ゆとりという点でも、家族関係を維持する上で必要な水準を高くしている。

高次の欲求は、新たな家族を形成する上で関係性の高い水準を問う。ブルジョア社会の家族に組み込まれている支配・隷属関係は、家族を形成する際の桎梏となり、家族を形成することへの慎重な態度を広げる。そうした慎重な態度は、とりわけ女性の側において顕著に現れずにはいない。

人間（関係性）の豊かさへの欲求は、支配・隷属関係が強く残存する家族においては、往々にしてブルジョア的に変形された形態（権利主張）をもって現れる。それは、家族相互の欲求の尊重と調整の破綻の結果か、その破綻の契機となるものである。それというのも、「権利」を保障するのは詰まるところ国家であり、「権利」をめぐる対立は、国家が裁定するものだからである。国家が介入しなければならない事態は、関係の破綻を意味する。親による幼児虐待への警察の介入は、その典型例である。

今日、家族の崩壊を社会問題化させているもう一つの要因は、相対的過剰人口の増大と絶対的過剰人口の形成である。すなわち、家族を構成する経済的基盤を確立することが困難ないし不可能な人口部分が、傾向的に増大しだしたことにある。

資本主義は失業・半失業人口の存在をその存立条件としており、それ自身の内にそうした人口部分を生み出すメカニズムを有していた。失業や貧困は、ブルジョア社会において日常に属することであった。そうした失業・半失業人口は、産業発展（工業化）時代には、恐慌・不況の到来とともに周期的に増大したが、好況期の到来やとりわけ新産業の勃興によって吸収された。それとともに、失業や貧困によって生じる社会問題は、繰り返し政治的に後景化した。

しかし今や、資本主義が拠って立つ社会の土台が変化し、過剰人口が傾向的に増大する時代に突入した。資本主義は、自己にとって絶対的に過剰な人口部分さえも形成する時代になった。

その結果、ますます多くの人々が家族を形成する経済的基盤を持てなくなった。単身者の比率が増大する。子づくりをひかえる。家族の相互関係（夫の妻に対する・親の子に対する支配という旧来の家族秩序）にゆとりがなくなり、対立が深刻化する。ＤＶや子どもへの虐待が増える。母子世帯、父子世帯が増大する。

(iii)人口爆発の終焉

高次の欲求の増大は、産業革命に伴う人口爆発を終わらせる。

産業革命（工業化）は、食料をはじめとした生活物資の生産の飛躍的増大とその価格の低廉化、医療の発達や衛生環境の向上による乳幼児死亡率の大幅な減少などにより、人口の爆発的増大をもたらした。この人口爆発は、すでに先進国では終了し、産業革命の周辺化と共に地球規模で周辺化過程に入っている。人類的には、まだ人口爆発過程にあるが、早晩それも終焉することが予想されている。

その基底的要因は、人々の欲求の高次化である。

人々の主要な欲求は、産業が成熟し、物質的豊かさが実現され、それらが地球環境を崩壊させかねないレベルにさえも到達する中で、「モノ」の豊さの実現から「人間」の豊かさの実現へと移行した。人間の豊かさの実現とは、人と人、人と自然の「関係性」の豊かさの実現である。

この欲求移行は、子孫育成の領域において、端的に現れることになる。家族内の性別役割分業による子育てから、分業を固定しない協力関係の中での子育てへの欲求移行。国家と資本の要求に従い、子どもに立身出世＝高収入を期待する子育てから、子ども（関係性）の豊かさの実現を支援する子育てへの欲求移行。国家と資本が要求する子育て数、男性の性欲に従属した子育て数から、関係性の豊かさの実現に適した子育て数への欲求移行である。それは、対象的自然との関係で人類の数を適度のレベルに保つ子育てへの欲求を含む。

しかし現実の先進国社会では、前述した「家族の崩壊」によって、適度の人口レベルへの軟着陸を超えて、傾向的な人口減少が進行している。

国家は、人口減少が国力の衰退をもたらすとの見地から危機感を募らせる。家族崩壊の一大要因である失業・貧困人口の増大を押しとどめる為に、子ども手当てを支給するなどの対策をとりつつ、資本に雇用増・正規雇用化や賃金引き上げをお願いする。結婚し子育て期間に入っても女性が働き続けことができるように、資本に労働時間の短縮や男性への育児休業保障や女性差別的労働諸条件の廃止をお願いする。国家が財政難に落ち込む中で、ほとんど資本頼みの対策になっているが、資本の方は家族を崩壊させる要因を強める方向にしか自己の延命がないという状況にある。

先進国は、人口減少問題の打開策として、「外国人」労働者を自国社会の底辺に組み敷く形で導入する。だがそれは、国内の排外主義を助長し、政治的不安定を招き、それ自体が限界に突き当たる。

資本主義の下で、この問題の根本的解決はない。資本主義の下で産業成熟諸国・地域が拡大するにしたがって、過度の人口減少という問題は、人類的課題へと浮上してゆく。また人口爆発の周辺化と中心部から拡大する人口減少の矛盾が、社会を不安定化させてゆくことになるだろう。

〔3〕統合イデオロギーの崩れ

①社会の目標喪失

今日、社会は目標喪失状態に陥っている。

かつてこの社会には目標があった。産業の発展による物質的豊かさの実現である。「富国強兵」などの国家目標は、この本質的目標の基礎の上に打ち立てられていた。

支配的システムである資本の利潤追求が、この物質的豊かさの実現を牽引した。資本の自己増殖運動は、階級矛盾を拡大・激化させながらも、物質的豊かさを実現することによって政治的包摂力を維持してきた。

しかし今日、産業の成熟（物質的豊かさ）が実現され、また地球環境限界への逢着という事態に至った。そのことによって物質的豊かさは目標たり得なくなり、人々の欲求（社会の目標）が人間（関係性）の豊かさの実現へと高次化しだしている。そうした中で支配階級（資本）は、社会に対して物質的生産の拡大を目標として押しつけ続けているのである。これからの社会の目標を形づくる高次の欲求が、資本主義の存続によって押し潰されているのだ。社会は、これまでの目標が色褪せてしまったにもかかわらず、新たな目標を持つことができない、目標喪失状態に陥っているのである。

高次の欲求の抑圧と目標喪失状態は、社会の成員に否定的影響をもたらしている。

人は社会に貢献することで、生きる意味を確認し、自尊心を再生産し、希望を抱いて生きていけるのである。その社会が目標喪失状態に陥るならば、その成員は希望を抱けず、自尊心を持てず、生きる意味を確認できなくなる。

社会が目標喪失状態にあるということは、単に観念の次元の問題ではない。

産業の成熟によって社会の必要を満たす物質的生産を達成するのに少ない社会的総労働時間で足

りる時代になろうとも、資本主義はそれを、労働人口の一半に長時間・過密労働を強制し、他の一半に失業（貧困・飢餓）を強制する仕方で為す。いずれの労働人口部分も、生存が脅かされる状態に置かれ、新たな社会の目標（高次の欲求）を実現する上で必要な条件を剥奪されているのである。今日、若者の「閉塞感」「無気力」「絶望」について多々語られるが、その最も深い根拠はここにある。

支配階級の場合は、「閉塞感」「無気力」「絶望」という形ではないが、別の形態で否定的影響が現れる。支配階級といえども、歴史的役割を果たし、社会の発展に貢献している間は、使命感と規律、社会を大切にする態度がそれなりにあるものである。だが彼らは、歴史的役割を終えて社会の発展の阻害者に転化するとともに、腐敗、手前勝手、開き直りの世界に転落する。つい先頃の金融バブルの最中、マネーゲーム資本主義の推進者たちがあからさまに拝金主義と強欲を称賛し、格差を正当化して見せ、そのことを実証したのだった。

社会が目的を喪失すると、構成員の連帯感がなくなる。

産業を成熟させ・物質的豊かさを実現し終えた資本主義は、マネーゲーム資本主義に転化した。投機マネーの運動（賭博による金儲け）は社会の目標とはなりえない。なぜなら投機マネーの運動とは、社会関係（＝資本・賃労働関係）を形成できなくなった資本の残骸（＝過剰貨幣資本）の略奪的集中運動であり、協働労働関係をはじめとした人と人のつながり（社会）の破壊へと向かわざるを得ないからである。そのうえ投機マネーは、マネーゲームの犠牲者に対して「自己責任」の批判を浴びせる。これでは社会は、連帯感を保てない。

こうした中で、個人的な社会への復讐なり決別が広がっている。人のつながりから切断され、排除された個人の反社会的復讐行動や社会からの決別行動は、社会そのものが内的に自己を破壊し崩壊しだしている事態の現れなのだ。

支配階級はこれに対して、「命の大切さ」という「大義」をもって対処しようとする。だがそれは、苦し紛れの偽善的説教と対症療法でしかない。生死は表裏一体であり、「命の大切さ」は「死の大切さ」でもある。問題は、社会的に生きる意味が（死ぬ意味を含めて）、希薄化しだしていることにあるのだ。求められているのは、産業発展による物質的豊かさの実現という既に終わった目的に換えて、人間（関係性）の豊かさを実現するという目的を定立し、社会を再建することなのである。

こうした中で極右勢力が、社会の目標喪失には「外国人」排斥の目標を、人々の社会的つながりの崩壊には「愛国」によるつながりを押し出し、絶望の淵に沈む人々を組織し始めている。国境・国籍をもこえて人間（関係性）の豊かさの実現を求める流れが政治的に進出せず、社会の目標喪失状態が長引くならば、こうした極右潮流が台頭することになるだろう。それは、人類世界と諸国社会にとって地獄への道である。

②ブルジョア的価値観の混迷

社会が成り立っていくためには、生起する諸問題を処理していく際の共通の価値観というものが必要である。この領域においても社会は今日、ブルジョア社会の形成とともに打ち立てられた「経済成長」、「自然科学」、「私有財産権と市場経済」、「権利」などへの信仰の動揺によって、混迷を深めている。

(i)「経済成長」信仰の動揺

今日、先進国の支配階級は経済成長の回復に躍起となっている。その背後には、経済成長時代の終焉という現実がある。

資本は経済成長の終焉を認めるわけにはいかない。なぜならそれは、資本が自己増殖できなくなったことの告白になるからである。

資本が資本であるためには、自己増殖し続けなければならない。しかも資本は、一定規模以上の自己増殖によってのみ、自己が生み出す失業人口を繰り返し生産過程に吸収し、社会を維持することのできるのである。それゆえ支配階級は、いまや幻想でしかない「新産業」の育成策や、既存の製品への過剰な機能付加や、効果がなくなった財政出動や、さらには戦争の発動までありとあらゆる策を弄して、経済成長をむりやり維持しようとする。その際に利用されるのが、経済成長は永遠に持続可能なことであり、雇用を増やす等々に不可欠であるという産業発展時代に培われた経済成長への信仰である。

しかし今日、そのような「経済成長」信仰は揺らぎ始めている。

一つは、経済成長の本質的内容を構成する産業（労働手段）の発達が成熟段階に到達し、先進諸国から市場の飽和が広がる時代に入ったからである。二つは、慢性的な過剰生産の時代に入ったことで、一方において貨幣資本の過剰化とその投機マネーへの転化が、他方において失業人口の中・長期的な傾向的増大が進行しだしたからである。三つは、経済成長を続けると、人類社会の存立基盤である地球的自然を台無しにしてしまう恐れがあるからである。四つは、社会（人々）の目的（欲求）が、物質的豊かさの実現から人間（関係性）の豊かさの実現へと移行し始めたからである。

こうして、民衆の間に「経済成長」信仰から脱却する意識が広がり出している。

これに対して資本は、依然として「経済成長」への信仰を、あるいは露骨に、あるいは民衆の新しい欲求を取り込む仕方で、社会の支配的価値観として維持しようとしている。資本は、「新しい成長」「持続可能な成長」といういかがわしい価値観（＝幻想）をもって民衆を欺瞞しつつ、グローバルな規模で蓄積競争を続け、社会と地球環境の破壊へ突進しているのである。

すなわち「経済成長」信仰は動揺しだしているが、それに置き換わるべき価値観が体系的に定立されていない。価値観の混迷状況がつくりだされている。この価値観の混迷の中で、産業の成熟時代に適合した社会の在り方を創造する運動が力強く広がることのないまま、資本主義の存続によって社会の崩壊という事態が現出してきているのである。

(ii)「自然科学」信仰の動揺

自然科学は、産業革命を先導し、そのことによって社会的信頼を確立した世界観である。一七世紀に打ち立てられた自然科学の科学としての成立条件は、次のようなものであった。

第一は、人間（社会）と切り離して対象的自然を扱う。第二は、対象を扱う際、最小構成要素に分解し、できるかぎり質的側面を捨象して量的側面だけを採り上げ、量的変化の法則を解明する。第三は、実験・検証によって法則の正しさを証明する。

自然科学の究極形態は数学である。数学は自然科学の領域で覇権を拡張していくわけだが、物理学におけるその成功が決定的であった。数学が物理学で成功したのは、その対象（宇宙と原子の世界）が、人間社会から最も離れた世界であり、質的側面（複雑性、多様性）を限りなく捨象した最小構成要素から成り立つ世界であり、質的変化（＝歴史的発展）を無視して繰り返し実験・検証しうる世界だったからである。

自然科学の基軸は、物質の形態変化と位置変化の法則性を解明することにあった。したがってそれが、物質の形態変化と位置変化を実現する装置である労働手段の飛躍的発達を導いたのは、当然のことであった。また逆に労働手段の発達は、人間社会の対象的自然を解明する能力の発達を意味し、自然科学の発達を促進した。

しかし、産業（労働手段）が成熟段階に入り、人類社会が地球環境限界に逢着したことによって、そして人々（社会）の欲求が物質的豊かさの実現というレベルから人間（関係性）の豊かさの実現へと離陸する時代に入ったことによって、自然科学が無条件的に信頼され、その発達が無制約に推進されてきた一時代も終わろうとしているのである。

（イ）一つは、自然科学の「人間（社会）と切り離して対象的自然を扱う」態度の問題性が顕在化してきていることである。

人間社会と切り離して対象的自然を扱うということは、対象的自然を支配・征服の対象とする態度の理論世界における現われである。だがそれは自然科学・科学技術が、人間社会と対象的自然との相互関係を考慮することなく、何の制約もなく発展することができたということでもある。

しかし今や人間社会は、産業の成熟と地球環境限界への逢着とによって、これ以上の物質的生産諸力の発展が、自己の存立の危機をもたらしかねないところにまで到達してしまった。そのことは、科学技術の内容においても言える。

それを象徴するのが、核兵器・原発、遺伝子組み換え、脳（情報・精神）科学、延命医療である。核兵器・原発は、人間社会とその存立基盤である温和な生命圏の只中に宇宙的破壊力を持ちこみ、それらを消滅の危険に晒している。遺伝子組み換えは、生態系の変動はもとより、人間遺伝子の操作・変容をもたらしうる。脳（情報・精神）科学は、クローン人間作りの企てとも結合しうる。延命医療は、社会的見地（生きる意味）からその在り方を問い直す議論を巻き起こしている。

人間社会と切り離して自然科学・科学技術の発達を一人歩きさせることが、人間社会の存続にとって危険な段階に入っているのである。人間社会を大切にする見地、人間（関係性）の豊かさを実現する見地から、自然科学・科学技術の発達を方向付け、制御すべきは制御し、禁ずべきは禁じなければならない時代なのである。しかし支配的地位にあるブルジョア階級が、利潤を目的とする立場からその前に立ちはだかり、自然科学・科学技術の無制約的発展を擁護し、推進し続けている。そのことの人間社会への脅威は確実に高まっている。

（ロ）二つは、自然科学の「対象を扱う際、最小構成要素に分解し、できるかぎり質的側面を捨象して量的側面だけを採り上げ、量的変化の法則を解明とする」態度の問題性が顕在化してきていることである。

自然科学は、専門分野へとますます分割され、各専門分野は独立王国化して相互の協力関係を希薄化させ、数式（量）の世界に埋没してきた。自然科学のこの在り様は、社会科学を含む学的世界全体に浸透した。例えば経済学は、社会（人々）の経済生活を商品（価値）の運動に転倒させ・切り縮めて扱う態度を良とし、またそうすることで他の分野との関連を切断してきたのである。

こうした態度は、産業発展の時代が終焉した今日、根本的転換を迫られている。

資本の自己増殖運動に牽引されて産業の発展・物的豊かさの実現を目指した時代には、対象（モノ）を要素に分解して、量的側面だけを扱う態度は目的にかなっていた。しかし今や、人間（関係性）の豊かさの実現を目指す時代になろうとしている。主たる対象は、モノではなく人間（関係性）だ。

だが人間（関係性）を対象とするからといって、対象を扱う仕方が自ずと転換されるわけではない。ここでも旧来の態度は、人間の評価を、資本の自己増殖運動への貢献の度合いに切り縮める態度として貫かれてきた。人間の評価は、所得、労働生産性、一人当たりＧＤＰの国際比較など、価値量で表されてきた。いま求められているのは、人間をトータルな関係の中で捉え、人間（関係性）の豊かさへの欲求（実践的意志）を重視し、諸専門分野の枠を超えた連携によって関係の変革と発展を支援する態度なのである。

今、この葛藤が進行している。

（ハ）三つは、自然科学の「実験・検証によって法則の正しさを証明する」態度の問題性が顕在化してきていることである。

自然科学は、「実験・検証」によって、理論の正しさを確認しなければならない。実験・検証によって確認されてはじめて、ある理論が科学的理論として認められるわけである。実験・検証によって、自然科学は、正しい世界観であることを自己保障し、社会的に信頼され、権威を獲得してきたのである。

しかし実験・検証を科学であることの条件とすることは、実験・検証において再現することが可能な事象のみを科学の対象として、あらかじめ限定してしまうことを意味する。この条件から外れる対象の最たるものは、人間社会である。

それでも人体に関わる領域では、人体実験なる言葉も残存しているように、実験・検証が可能であり、為されてもいる。しかし、人間の社会関係の領域になると、実験・検証が意味を成さなくなる。なぜなら、この領域においては、実験・検証という人間の行為自身が、人間の社会関係を多かれ少なかれ変動させてしまうため、繰り返し全く同じ条件下で実験・検証することは不可能だからであり、したがって同じ実験・検証結果を得ることも期待できないからである。

さらにより本質的なこととして、人間の社会関係は、人間にとって発展するものとして在るということである。つまりそれは、基本的に、歴史性をもった対象として在るということである。このような再現不可能な対象には、実験・検証はそもそもなじまないのである。

こうしたことは、厳密に言えば、自然科学の対象との関係においても、当てはまることである。

とはいえ宇宙界は、人間の行為の影響なり物質の発展側面を、全く無いものとして無視できる世界である。そこでは、実験・検証が自然科学の正しさを自己保証する武器となりえたし、絶大な威力を発揮してきたということである。

ともあれ人間社会を対象とする科学においては、自然科学におけるような再現可能な実験・検証はなじまない。社会を対象とする理論は、人々による社会関係の変革とその結果の総括によって検証される。これは実は、ほとんどの人が生きていくために日常的にやっていることである。ただ、社会的な規模で、目的意識的に為されるレベルには至ってはいない。それは、支配的システムである資本主義が、社会変革理論の検証・発展と本質的に矛盾するからである。

物質的豊かさを実現する時代が終わり、人間（関係性）の豊かさを実現する時代へと世界史的変化が進行する現代においては、実験・検証が威力を発揮する範囲は、ますます狭くなり、実験・検証の方法は、高度（非日常的）なものとなっていく。実験・検証の権威は、人々の日常意識の内で副次化・希薄化していくことになる。他方、これに代わる検証方式は、まだ社会的に確立していない。価値観混迷の一側面である。

ⅲ私有財産権と等価交換原則の動揺

私有財産権と等価交換原則は、ブルジョア社会の経済生活を成り立たせている基本的価値観である。たしかにそれらは、産業（労働手段）と物流の発展にとっては、極めて適していた。まさにそこに、私有財産権と等価交換原則の歴史的役割があったといえるだろう。

だが今日、産業（モノ）から人間（関係性）の豊かさへの社会的欲求の重心移行とともに、情報ネットワーク、相互扶助（育児・教育・学習、保健・医療、介護・福祉、地球環境保護）などの領域が、社会の基幹的活動領域へと浮上してきている。そこにおいて私有財産権や等価交換原則は、桎梏として立ち現れるのである。

（イ）情報ネットワークの領域を見てみよう。

そもそも情報は、その基礎たる言語がそうであるように、共有してこそ意味あるものである。情報ネットワークの発達にとって、信頼と善意に基づく適宜で積極的な無償の情報提供が不可欠なのである。

情報の私有（占有）と商品化は、社会的には協働と連帯を阻害する。情報が私有物で売買の対象であるならば、有害・欺瞞情報のたれ流し、私利・私欲による情報の利用、有益情報の提供の躊躇・拒否が広がり、せっかくの情報ネットワークもそれが有する潜在的可能性を現実化することができない。そのことは、ネットワーク社会において重要な「個人情報」の扱いにおいて、端的に現れる。

だが情報ネットワークの発達は、情報の無償提供と公共財化への欲求を高めずにいないし、現にその流れが拡大している。これに対して、私有財産権と等価交換原則というこの社会の支配的な価値観は、「知的所有権」の防衛という形で自己の覇権の危機に対処しているわけである。

（ロ）相互扶助の領域を見てみよう。

われわれは、産業の成熟（物質的豊かさの実現）、地球環境限界への逢着、人間（関係性）の豊かさへの欲求の増大という時代を迎えている。これからの社会においては、育児・教育・学習、保健・医療、介護・福祉などの相互扶助活動が、人間（関係性）の豊かさを実現するための基幹的活動となる。それは、私有財産権と等価交換原則が労働者に強制する「賃金＝労働力再生産費レベルの生活保障」および「失業＝飢餓」の不合理を課題化せずにはおかない。

そもそも、人の成長を支援したい、苦しい状況にある人や破壊される自然を何とかしたいという感情は、人間が関係の中でこそ生きていける存在であることに根差した・自然な感情であるだろう。しかし、私有財産権と等価交換原則の下では、対価を受け取れないから教えない・治療しない・介護しない・見て見ぬふりをするという態度が社会標準となる。そうした中で資本は、この相互扶助領域をも搾取領域に転化する。資本は、苦しい状況にある人や病んだ自然を前にして生ずる自然な感情さえも利用して、労働者に低賃金・長時間労働を強いるのである。

人間（関係性）の豊かさを実現するための諸活動は、対価を要求しない社会的貢献の精神から発せられて初めて、実効性を持つものである。こうした活動は、個別的に見れば「贈与」であるが、社会総体・世代サイクルで見れば「相互扶助」になる。こうした諸活動の発展は、私有財産権と等価交換原則の価値観と衝突し、価値観の転換をもたらさずにはおかない。

（ハ）地球環境保護の領域を見てみよう。

地球環境は、今日では、人間（社会）にとって外的自己と言ってよい。地球環境保護は、その意味で自己自身に対するものであり、自己自身との関係性の豊かさを実現する活動である。それは、相互扶助活動の一構成環なのである。

そのような地球環境保護にとって、私有財産権と等価交換原則は桎梏でしかない。自分の所有地はどう処分しようと勝手、自国の領土では何をやってもよい、ということにはならない。地球環境を崩壊させる行為は、人類全体の生存を脅かすわけだから、そうした制約を強めずにはおかないのである。

地球環境保護活動は、対象的自然に対する「贈与」活動である。それは、等価交換原則に反する活動である。したがって資本は、国家などが費用と利潤を保証する場合や自社の宣伝に利用できる場合にのみ、この活動に関わる。資本がやれるのは主として、自然エネルギーや環境に優しい製品への転換など、自らが推進する地球環境への負荷増大のテンポを遅延させることだけである。

地球環境保護活動の拡大は、私有財産権と等価交換原則の価値観の没落と混迷をもたらすのである。

（二）尚、私有財産権と等価交換原則の価値観は、資本主義自身によっても掘り崩され漂流しだしている。

従来の私有財産権と等価交換原則の価値観は、基本的にモノの生産・流通に立脚していた。資本の価値増殖は、その基盤の上で実現されてきた。

だが今日、モノの生産・流通に立脚しない投機マネーの価値観が、私有財産権と等価交換原則を土台としながらもそれを否定するものとして台頭してきているのだ。投機マネーの自己増殖運動は、新たな社会的価値を生産するものではない。賭博による略奪行為に過ぎない。私有財産権と等価交換原則を侵害する行為であり、資本主義を支えてきた価値観を資本自ら台無しにするものである。

賭博を介した単なる略奪を正当化する価値観は、敗者を「自己責任」論で切り捨てる価値観を含む。そうした価値観は、自分さえよければという自己中心主義的価値観を蔓延させる。こうした略奪経済の正当化、自己責任論、自己中心主義などの価値観は、社会を否定する価値観に他ならない。それはそれで、社会の価値観を混迷させるのである。

(iv)「権利」信仰の動揺

権利は、私有財産権・等価交換原則を土台として、ブルジョア社会の基本的な価値体系を形成しているものである。この社会の構成員は、権利をもって、あるいは自己の要求を正当化し、あるいは自己を防衛するのである。それはブルジョア階級が、支配と搾取を正当づけながら、労働者民衆の側の反抗を政治的に包摂し社会を維持していくための仕組みに他ならない。

誕生したばかりのブルジョア社会においては、権利を有する「市民」は、財産を所有する階級の成人男性に限られていた。また、被抑圧民族はこれから排除されていた。

機械制大工業の発展時代になると、労働者階級の階級闘争の発展を推進軸に人民が、表現・結社の自由、団結権・団体交渉権・団体行動権、労働権・生存権、あるいは参政権などを獲得していった。女性が参政権を獲得していったのもこの時代である。被抑圧諸民族は、民族自決権を獲得し、植民地の独立を実現していった。これらは、産業の発展・物質的富の増大を背景とした民衆の側からする不平等分配の一定の改善でもあった。

一九七〇年代初頭になるとその後三〇年ほどの世界史的な移行過程に入る。そして二一世紀の初頭になると、先進諸国地域では産業が成熟し、地球環境限界への逢着が自覚され、人間（関係性）の豊かさへの欲求が中心的欲求になる。それとともに慢性的過剰生産状況が深まり、一方における投機マネーの肥大化と他方における失業・半失業人口の膨張という病が深刻になる。この過程の中で、権利に関して次のような事態が起こってくる。

一つは、人間（関係性）の豊かさへの欲求の増大を背景に、被差別層の権利要求が高まったことである。

この時期、女性の性別役割分業からの解放欲求をはじめとして、人間（関係性）の豊かさへの欲求が増大し、社会的差別に反対する多様な運動となって澎湃と湧き起こった。それらは、ブルジョア社会の価値観である権利の新たな拡張要求として発現した。そうした権利拡張要求は、欧米ではアファーマティブ・アクション（進学や就職における公権力の行使による積極的差別是正措置）のような形で、実現されていった。

だが獲得された権利は、就労と失業への分割や分業の各分節への隷属という社会構造そのものに手を触れるものではなかった。むしろそれは、分業の特定分節への就労の権利であった。それを国家が強制的に達成させるものだった。

このように獲得された被差別層の権利は、失業者が増大していく情勢が深まる中で、社会的多数派の標的にされ、政治的限界に突き当たる。だがそれは、「権利」で成り立つ社会システムの在り方を超える動きを生みださずにはおかない。

もう一つは、支配階級による権利の制限・剥奪である。

支配階級は、産業が発展し物質的富が増大するという時代ではなくなったため、増大する富の配分で統治するやり方ができなくなった。支配階級は、民衆がこれまで勝ち取った権利の制限・剥奪に向かい、民衆に対する監視・分断・弾圧を前面化させてきた。

こうして今日、一方で権利の制限・剥奪があり、他方で人間（関係性）の豊かさへの欲求の増大が権利の限界を超える動きを生みださずにはおかない状況がある。こうした中で労働者民衆は、生存のために権利を武器として闘いつつ、「権利」を超える価値観を創造していくのである。

なおこの間、労働者階級の階級闘争が守勢を余儀なくされてきた。この為、労働者の資本に対する集団的対抗の権利に依拠する態度が後景化し、個人に属する権利に頼る傾向が前面化している。個々人は、権利を盾に生活防衛に閉じこもり、人と人のつながりを希薄化・消滅させている。権利という価値体系が、社会を崩壊させる一要因に転化してしまっているのである。

③宗教の社会統合力の劣化

(i)採集・狩猟時代の理論的世界

当たり前のことであるが、他の生物種は、宗教を持ってはいない。宗教は、人類が発達させてきた理論世界に属するものである。

人類は、基本的に労働手段をもって対象的自然との物質代謝活動を行い、労働手段の形態変化をもって対象的自然の変化・変動に対処することから、対象的自然から距離を置いて、したがってその全体を把握し考察し行為することのできる存在になる。それは、対象的自然の中に直接的な身体活動によって組み込まれ、対象世界の中でせいぜい感性的・経験的にしか認識・行動できない生物種一般からの断絶的飛躍を意味する。すなわち、対象世界の諸関係（運動）の普遍的法則に関する理論を構築し、それを実践の指針とするようになる。こうして人間の理論世界は、労働手段（とりわけその発展）とともに、人間が生きていくための不可欠の武器となり、世代を継いで継承され発展してきた。

人類は、採集・狩猟時代から、蓄積されてゆく理論の世界を持っていた。そう考えるのが自然である。

たしかに採集・狩猟時代の人類の生活は、対象的世界に圧倒的に左右され支配されていた。その意味では、他の生物種の物質代謝活動と全く同じであった。労働手段の占める社会的地位と役割は低く、当時の理論世界は、対象的自然への畏敬の念に色濃く覆われていた。

しかし、採集・狩猟時代の人類の理論世界を、アニミズム（精霊信仰）に切り縮めるのは誤りであるだろう。当時の人間は、実生活の指針となる理論において、その体系性を説明するのに、自然界の内にある諸霊的存在を前提とする他なかったと想像される。それにまた霊的存在への信仰は、特定の血縁共同体が、他の血縁共同体との縄張り争いや自然環境の異変に対処する際にとりわけ問われる血縁的結束と関連して発達してきた理論なのではないか。それを今日の時代の理論と比較して迷信だとかいったイメージで一面的に捉えるのは、誤りであるだろう。

採集・狩猟時代の人類の理論世界については、まだほとんど解明されていない。その原因としては、この時代が文字のない時代だったことが大きいが、この時代における「理論世界」の存在を軽視する偏見もあるだろう。人類は、採集・狩猟時代においても理論世界を発達させていたに違いない。そのことは、理論の体系性を保障していた「信仰」部分の存在を含め、宗教の誕生を語る際の前提となるものである。

(ii)宗教誕生への道

今から一万二千年前〜一万年前の頃、人類は地球の隅々にまで生活圏を拡張し切る。それとともに人類は、採集・狩猟の対象の枯渇・食糧不足の時代に突入した。当然、異なる血縁共同体の間で縄張り争いが激化したであろう。血縁関係の意識的拡大による氏族や部族など広域の同盟関係が発達した。そうした時代背景の中で、対象的自然との物質代謝の主要な在り方を採集・狩猟から農業・牧畜へと移行させる動きが始まる。

農業・牧畜は、対象的自然を意識的に改造する活動である。それらが、対象的自然との物質代謝の主要な在り方となるにしたがって、意識の上でも、対象的自然との関係の一大転換が起こる。対象的自然への崇敬意識は後景へと退き、対象的自然を征服・改造する意識が前面化してくるのである。

農業・牧畜の大規模化は、道具（磨製石器、金属器、土器、等）、灌漑事業、定住（家屋・集落）などを発達させた。指揮・命令とその下での協働労働・分業の発達、それらの担い手の固定化を生みだした。農業・牧畜の指揮・命令者による剰余生産物の占有・蓄積をもたらした。

これと相互促進的に、異なる血縁共同体の間の交易（分業）が発展したが、これも、血縁共同体の指導層の特権的地位を強化する要因となった。軍事・外交の担い手、生産システムの指揮・命令者が男性であったことによって、男の女に対する支配も形成・確立していった。戦争捕虜は、剰余生産物の蓄積・占有が可能となったことを背景に、奴隷財産化され使役されるようになった。

血縁共同体における私有財産と階級システムの発達は、社会的諸葛藤と交易をめぐる戦争を拡大し、国家の形成を必要ならしめた。国家は、社会的葛藤を抑制し、交易関係を安定させ、私有財産と階級システムの発達（＝生産力の発展）に道を開いた。

以上の過程が数千年をかけて進展し、大河の流域などにおいて、巨大建造物や金属器の痕跡を今日に残す「文明」を出現させる。黄河文明、インダス文明、メソポタミア文明、ナイル文明、等々である。

こうしたことのために、採集・狩猟時代の理論世界とは本質的に異なる・農牧業の時代に照応した理論世界が形成されていく。第一に、社会的矛盾に対処する理論の構築が緊要の課題に浮上したこと。第二に、人間社会の上に在って、社会を存立させている神秘的存在（力）が想定されたこと。第三に、理論世界の統括者が国家との役割分担関係を形成し、社会の上に立ったことである。

それは、自然界の内に想定された神秘的存在を否定する一大闘争過程であった。

(iii) 宗教の確立と本質

宗教が確立されるのは、今から二五〇〇年前（仏教・儒教）、二〇〇〇年前（キリスト教）、一四〇〇年前（イスラム教）などである。

宗教の第一の本質は、所有欲や支配欲が社会の絆を破綻させている現実を断罪するとともに、古代王朝社会の理想化・模範化（儒教）や人間自身の修行（仏教）や神への服従（キリスト教・イスラム教）によって、行き過ぎた欲望の自主規制と社会的絆の建て直しを、人々に求めるところにある。

儒教は、社会秩序の崩壊に立ち向かうのに、祖先を大切にする伝統的な「孝」の思想を継承し、仁・義・礼・智・信の徳目をもって自己を律する態度を人々に要求した。

仏教は、生きることを「苦」と総括する。そして、相手を思いやる慈悲の思想を立て、煩悩のままに生きることを戒め、輪廻転生（苦）から解脱する（仏陀となる）修行の道を提示した。

キリスト教は、私的欲望の根拠を人間の「原罪」に求める。そして、神の命令に従って「隣人愛」を行ない、贖罪することを人々に要求する。同時に、救世主の降臨と神の国の到来を約束することで、贖罪の実践を促す。

イスラム教は、神の唯一絶対性・全能性を強く主張し、人間を無力な存在だとする。そして人々に対して、強欲を戒め、貧者をたすける態度を奨励し、天国行きか地獄行きかを決する最後の審判に際して頼るべきは神への信仰心の強さだけであると告げるのである。

宗教は、当初、主に支配者や資産家（商人）に受け入れられていく。それは、宗教が、血縁共同体の共同性を裏切っていることから生じる彼らの後ろめたさや苦悩に応えるものだったからであり、同時に血縁共同体の拘束（狭い共同性）を超えた新たな結びつきの在り様を指し示したからである。

彼らはそこに、市場経済・私有財産・階級制度という彼らの立脚する当時の先進的システムが、行き過ぎた所有欲・支配欲の自主規制と引き換えに、社会的に積極的な形で肯定されていく可能性を見出したのである。

宗教の第二の本質は、所有欲・支配欲の一定の自主規制による社会的絆の建て直しを人々に要求する際、社会から超越した神秘的存在（力）への信仰に依拠しているところにある。

社会から超越した神秘的存在（力）への信仰にもっとも深く依拠しているのは、キリスト教・イスラム教など唯一神の存在を論理的に前提としている宗教である。そこでの神は、この世も創造するほどの力を持っており、人間の運命を左右できるのであり、その意志に反してはならない存在として在る。

仏教の場合は、「仏陀」である。仏陀は、修行によって悟りの地平に到達し輪廻転生から解脱することのできた人だとするわけだが、そうした地平に到達したことが決して証明されえない存在である。つまり、人に永遠の修行を要求する目標なのだ。

儒教は、社会から超越した神秘的存在（力）への信仰に依拠する点で、表面上もっとも希薄である。このため、宗教の定義において信仰を過大視する人々は、儒教を宗教の範疇に入れないようだ。しかしその歴史的役割において見るならば、儒教は紛れもなく宗教である。

儒教のポイントは、「天」の意志を実現した古代聖王の治世を模範として確立し、大帝国の社会秩序を維持するのに必要な官僚集団の教育・学習システムを打ち立てたことにある。そして、無数の祖霊信仰をその基盤とすることで、この教育・学習システムの社会的土台を確固たるものにした。

このように宗教は、所有欲・支配欲の一定の自主規制による社会的結びつきの建て直しを人々の要求する際、社会から超越した神秘的存在（力）への信仰に頼った。

その最大の理由は、次の点にあるだろう。

当時にあっては、所有欲・支配欲がそこから湧き起こる階級制度・私有財産・市場経済は、農業・牧畜を発展させ、採取・狩猟時代の生活水準からの離陸に道を開く先進的システムであった。しかしそのシステムの内に、社会の絆を明確な形で見出すことができなかった。他方、血縁共同体の絆は、克服すべきものとして在った。そうした中で宗教は、社会から超越した神秘的存在（力）への信仰に頼る仕方で、社会の絆を維持する課題に対処したのである。

そうした信仰がひろがる土壌は形成されていた。

対象的自然は、人がそれに支配され畏敬する存在でなくなり、征服し改造する対象へと位相転換しだしていた。それに代わって、分業と市場経済の発展、社会的諸矛盾の激化によって、社会がその構成員に制御できないものへと変貌していた。これを基盤に、社会から超越した神秘的存在（力）への信仰が広がったのである。

宗教の第三の本質は、理論世界の統括者が国家との役割分担関係を形成し、社会の上に立ったところにある。

国家と宗教は、支配階級の利益に奉仕するとともに、社会的諸矛盾が激化して社会が崩壊することのないようにする役割を担っていた。国家は主要に政治的な関与として、宗教は主要に人々の思想に関与する仕方で、その役割を担っていたのである。

宗教は、血縁共同体の母斑をつけたままの都市国家なりその連合体が自己を止揚し、領域国家なり大帝国が樹立される一大動乱期に確立された。それは、血縁共同体の母斑をつけたままの過渡的宗教との激しい闘争を介して確立された。

樹立された領域国家なり大帝国は、支配の安定のために、新たに誕生した宗教を必要とした。この宗教は、氏族（血縁共同体）連合国家から中央集権国家への移行期に、氏族的信仰を超える・王権を支える信仰となって台頭した。この宗教は、氏族（血縁共同体）の紐帯が弱まる中で、新たな社会的紐帯の形成を促進する信仰（世界観）が求められていたことによっても台頭した。血縁共同体の母斑をつけたままの旧来の信仰は、あるいは根絶され、あるいは包摂され、あるいは社会の片隅に追いやられた。

普遍宗教は、大帝国（領域国家）のイデオロギー的支柱となる。そして大帝国の発展を背景にして、また大帝国の優位文化を武器にして、また宗教それ自身の理論水準の高さをもって、信仰地域を広げた。だが大帝国の地理的・文化的な特徴（限界）は、「普遍」宗教の地理的広がりと内容に刻印されることとなる。

ⅳ 宗教の存立が問われる試練

そもそも宗教は、所有欲・支配欲の行き過ぎを戒め、社会の絆の重要性を説き、人々の苦悩をケアする必要から生まれたものである。その意味では、社会が壊れようと人々が孤独化し生存できなくなろうと感知しない巨大投機マネーの跋扈する今の時代は、宗教の出番であると言える。

しかし宗教が、今日の社会の崩壊に対処できるか否かは、別問題である。今日の社会の崩壊は、既に見てきたように根底的なものである。そうした中で宗教もまた、その存立が問われている。

第一は、社会の絆の大切さを説いて、所有欲・支配欲の「行き過ぎ」を戒めるという宗教の本質が、桎梏に転化しだしたことである。

かつては、所有欲・支配欲は、物質的豊かさの実現という社会（人々）の欲求を実現する生産力発展の推進要因として作用した。それら自身が社会にとって必要なものだったのである。問題は、それらの「行き過ぎ」が社会の絆（その基礎としての協働労働関係）を破壊してしまうことだった。そこに、社会の絆の大切さを説く宗教の役割があったわけである。

しかし既に見たように、今日の資本主義システムのうちで支配的地位を獲得した巨大投機マネーは、社会の絆（その基礎としての協働労働関係）から遊離した「資本」であり、そうした社会の絆の破壊をもって自己を肥大化していく「資本」だということである。まさに「行き過ぎた」所有欲・支配欲を本質とする資本なのである。こうした巨大投機マネーの時代の到来は、宗教が想定していない事態である。

宗教は、「行過ぎた」所有欲・支配欲と対決する態度を重視すれば、マネーゲーム資本主義の廃絶を目指すことになる。逆に「行き過ぎた」所有欲・支配欲に対する批判を口先だけにとどめれば、マネーゲーム資本主義の現実（社会の崩壊）を擁護することになり、当該宗教の堕落と腐敗へ帰結してゆかずにいない。宗教は、この現実からカルト集団的に逃避する動きも含めて、混迷・分散を深めてゆくだろう。

第二は、宗教の本質である社会から超越した神秘的存在（力）への信仰が、もはや不必要な時代に入ろうとしていることである。

社会から超越した神秘的存在（力）への信仰は、人間を所有欲・支配欲にまみれた存在、無力な存在であり、救済の対象であるとする思想と表裏をなしている。

しかし今日、救済の対象であった人間自身が、所有欲や支配欲の実現でなく、人間（関係性）の豊かさの実現を欲求し、相互扶助社会づくりへと動き出している。人間（関係性）の豊かさの実現の一歩いっぽは、社会から超越した神秘的存在（力）への信仰に頼る必要性を消滅させていくことになる。

宗教は、現実に所有欲・支配欲から脱却し人間（関係性）の豊かさをめざしはじめた人々を支持することと、社会から超越した神秘的存在（力）を信仰することとの矛盾を抱えることになるのである。

第三は、宗教が、国家との役割分担関係を媒介に、世界（社会）の分裂と崩壊を促進する立場へと転落しつつあることである。

宗教は、「世界宗教」「普遍宗教」といわれるものにおいても、真に世界的であったり、普遍的であったことはない。たしかにそれらは、民族宗教や氏族信仰をこえた世界性・普遍性を有する。しかしそれらは、中央集権的領域国家の形成と連動する形で自己を確立し、あれこれの大帝国のイデオロギー的支柱となって発展した。その歴史的現実が自己のうちに刻印されているのである。

今日超大国アメリカは、「反テロ」戦争を継続している。アメリカという国家とリンクするキリスト教は、この社会破壊的な世界戦争に好むと好まざるとに関わりなく加担する関係に置かれる。こうして宗教問題を噴出させ、社会的対立を先鋭化させているのである。

〔付論〕今日の社会の崩壊と人間

かつての社会の崩壊は、生活物資の欠乏によって生じた。その際には人間は、自己の物質的存在が危機に陥ったのである。そうした状態からの脱出は、物質的生産力を発展させる方向でなされた。しかし今日の社会の崩壊は、それとは異なったものである。今日のそれは、生活物資の欠乏ではなく、人間（関係性）の崩壊が引き起こしているのである。

すなわち第一に、資本が社会関係を組織できなくなり、一方における投機マネーと他方における失業者群を膨張させだしていること。第二に、既存の体制が人間（関係性）の豊かさへの欲求を押し潰していること。第三に、人間（関係性）の豊かさへの欲求の増大が、既存の体制を機能不全に陥れていることである。

こうした諸要因による人々の関係性の破綻は、人間の精神に打撃を及ぼさずにはおかない。今日の社会において精神疾患が増大している背景には、このことがあるだろう。

今日の社会（人間）の病は、物質的豊かさを増大させることによっては治せない。それはむしろ病を悪化させるに違いない。今日の社会（人間）の病は、人間（関係性）の豊かさへの欲求を解放し、社会再建の牽引力に転化させることによってのみ治すことができるのである。

第四章　国家およびアメリカ帝国システムの機能不全

[1] 国家の機能不全

国家は、階級対立の非和解性の産物である。それは、支配する階級と支配される階級に引き裂かれた社会が、自己を維持するために、自己の外部につくり出したシステムである。それは、機構的には常備軍と官僚機構から成り、機能的には上層階級による支配の機能と社会の共同的機能の二つの側面を有する。

この国家が、今日、機能不全の淵に沈みだしている。この機能不全の主要な原因は、次の六点である。第一は、国家が人類史的な廃絶・死滅過程に入ったこと。第二は、国家が構造的な財政破綻に転落したこと。第三は、国家を支える社会が崩壊しだしたこと。第四は、ブルジョア階級が、末期的内部抗争に陥ったこと。第五は、代議制民主主義が機能しなくなったこと。第六は、イデオロギー的国民統合が劣化しだしたこと、である。

①国家が廃絶・死滅の道へ

産業の成熟、地球環境限界への逢着、人間（関係性）の豊かさへの欲求の高まりという社会の土台における変化は、資本主義と両立しない。この変化は、階級システムを終焉させずにはおかない。それは、国家の存在意義の消滅を意味する。国家は、廃絶・死滅する時代に入ったのである。

もちろん社会の土台におけるこの変化は、階級システム廃絶への土台・契機に過ぎない。新しい社会の在り方への欲求が高まり、地球環境限界への逢着に促迫され、技術的条件があっても、それで即、階級システムを廃絶できるわけではない。階級社会時代の数千年に蓄積された社会構造とその意識諸形態の変革は、たとえば都市と地方への分割構造の解体、たとえば階級差別や女性差別などの重層的差別構造の廃絶、たとえば人が分業に隷属することなくやっていける社会構造づくりは、それなりの時間を要するものである。それにまた、そうした社会革命に対する支配階級と階級システムからの抑圧・抵抗がある。

だが、変化の過程は既に始まっている。

一つは、地域社会が自律性を強める過程である。

国家は、地域社会の共同的機能（軍事・治安・災害対処だけでなく、ライフライン、産業インフラ整備、保育・教育・学習、保健・医療、介護・福祉など）の大きな部分を地域社会から切り離し、階級支配機能に転化してきた。

しかし国家は近年、共同的機能のうち階級支配の見地から見て重要度の低いものから順に、膨張する過剰貨幣資本のための新規投資領域として、民間資本に提供しだしている。人間を「労働対象」とする相互扶助領域などにそれを見ることができる。

だが資本は、「人」を対象とするこれらの領域をまっとうに発展させうるものではない。なぜなら資本は、利潤が目的であって「人」が目的でないからであり、しかも近年投機的性格を強めているからである。

このため、住民自身がNPOや協同組合などの形態で、これらを引き受ける在り方が広がる。国家が地域社会から剥奪し独占してきた共同的機能を、地域社会がその内に吸収し、新たな社会的つながりを構築し始めるのである。もちろん国家は、これを放置はしない。「地方分権」によって、この新たな流れを包摂しようとする。

もう一つは、国家が自己の機能を、階級支配機能に純化する過程である。この過程は、地域社会が自律性を強める過程と表裏の関係にある。

その意図は、国家が国際投機マネーと多国籍企業の利益の擁護に専心できるようにする点にある。それは、中央政府の軍事・外交への専心であり、地方分権と対を成す。もちろん、そこでの地方分権は、中央政府の手綱の確保を前提とするものである。

社会の共同的機能の多くを放擲して狭い意味での階級支配機能に純化し、国際投機マネーと多国籍企業の利益の擁護者になることは、国家にとって政治的に危険なことである。「地方分権」で住民を政治的に取り込もうとしても、地域社会の自律化は進行する。

変化の過程の帰結は明らかである。

すなわち地域社会は、共同的機能を取り戻し、人間の時代への三つの契機の基盤の上に階級差別のない自律的な自己を創出する方向に向かう。国家は、地域社会にとって抑圧者・重荷以外の何物でもなくなる。国家は、転覆され、廃絶・死滅するということである。

②国家が構造的財政破綻に

先進国は、構造的な財政支出の肥大化と税収の低迷に陥っている。このため財政破綻が国家の機能不全をもたらしつつある。これを緊縮財政と増税で乗り切ろうとすると民衆の離反を招き、国家の存立を揺るがすことにもなりかねない。事態の展開は、そうした局面にさしかかっている。

(i)財政支出の肥大化

先進国世界は、産業が成熟し、市場が飽和した時代に突入している。そうした中で資本は、生産を組織し、社会的富の総量を増大させ、そのことによって利潤を手にするというかつての「堅実な」やり方から、マネーゲームによって既存の社会的富を争奪する「賭博」の道に転落しつつある。投機マネー化した資本の関心は、生産現場から離れ、マネーゲームの世界に没入している。このような資本にとっては、労働者の生活は視野の外であり、所得再分配は無駄・不要なものでしかなく、「小さな政府」が好ましいということになる。

ところが支配階級は、国家財政の肥大化を止めることができない。それは、社会の崩壊を押し止めるための出費が増大しているからである。

　今日の社会の崩壊の主な原因は、資本主義が社会を成り立たせ発展させるシステムではなくなり、社会を崩壊させるシステムに転変してしまったことにある。今日の社会の崩壊は、産業の成熟、地球環境限界への逢着、人間（関係性）の豊かさへの欲求を土台に、社会自身が資本主義に代わる新たなシステムを構築することによってしか克服されえないものとしてある。国家によっては克服できないのである。

　しかし国家は、自滅しないために対策をとる。

　第一に国家は、経済成長をもって資本主義的経済システムの立て直しを図り、その中で財政破綻を克服しようとしてきた。

　〇八年の世界金融恐慌は、実体経済の大不況へと波及し、社会の崩壊に弾みをつけた。この事態を前にして、オバマ米大統領が諸国政府に向かって、総額五〇〇兆円規模の景気対策を呼びかけた。諸国政府もこれに呼応はした。

　しかし、このような対策は、今日では経済効果がほとんどなくなっている。先進国では産業が、既に成熟段階に達しているからである。新産業の勃興による失業人口の大規模な吸収は最早なく、既存の遊休設備を一定稼動させる程度の効果しかない。対策が技術革新をもたらすとしても、既存の産業におけるそれである以上、より少ない労働人口で、より多く生産するという趨勢を加速するだけのことである。もちろん産業資本の利潤率の低下も加速される。

　大規模な景気対策的財政出動の結果は、莫大な借金の積み増しだった。財政出動によって資本主義経済を立て直す試みは、破綻の先送りに過ぎなかった。米・欧・日の諸国家は財政赤字の重圧に喘ぐようになり、いまや国家の破産が現実の問題になりだしているのだ。

第二に国家は、社会自身による共同的機能の再建を支援・包摂し、そのことによって財政負担の軽減を図ろうとしてきた。

ブルジョア国家は社会の共同的機能の大部分を自己の機能として取り込んでいる。それらは、階級支配機能の側面を多かれ少なかれ併せ持っている。

国家（特にその内部の新自由主義潮流）は今日、そうした機能の小さくない部分を飢えた過剰貨幣資本の前に新規投資領域として提供しはじめた。いわゆる一つの新自由主義的改革である。

また国家（特にその内部の社会的包摂を重視する潮流）は、ＮＰＯや協同組合などの諸形態によって民衆自身が社会の共同機能を引き受けていく流れを支援し取り込もうとする。また社会の共同的機能のそうした再編を利用して、この領域にかかる財政支出を削減しようとする。

だが改革や再編にも関わらず、社会の共同機能のための財政支出の膨張を止めることはできてない。社会の崩壊が根底的なためである。

第三に国家は、軍事戦略の治安維持型への主軸移行を推進し、その中で財政支出を抑制しようとしてきた。

超大国アメリカは、米ソ冷戦が終結し一極支配時代が到来する中で、大国相手の戦争を想定した戦略を副軸化してきている。他の大国を一定統制支配するためのものとしては、それを存続させている。台頭する中国に対する軍事包囲体制の最近の再編成は、その一例である。

主軸は、人民を相手とする戦争である。アフガンへの侵略戦争はその典型である。それは、「テロとの戦い」と銘打って、アメリカ本国をはじめとした先進国の人民に対する監視と弾圧を含んだものとして展開された。

この戦争は、勝利のない戦争であり、やればやるほど泥沼にはまっていく。大国との間の軍事的緊張や戦争に比べて出費を抑えられるとした皮算用が外れ、戦費の重荷に苦しむことになった。マネーゲーム資本主義の破壊作用の帰結であるだろう。

なお、アメリカの軍需はかつて、欧州の福祉や日本の公共事業と並んで経済成長を支えたが、それは昔話である。戦争によって兵器の大量需要が発生したところで、今日では成熟した諸産業の衰退抑止にとどまる。新産業の勃興への波及効果はない。軍事費の膨張はただ単に財政赤字を増大させるだけに終わるのである。

(ii) 税収の低迷

このように財政支出の肥大化が止まらない中で、税収の方は頭打ちである。

その要因の一つは、失業・半失業人口の増大である。収入がないか、ほとんどない人々の増大が、税収を減少させている。

要因の二つは、中間層の没落である。かつての中間層（農民）の没落は、産業資本の自己増殖運動にともなう・全体の社会的富が増大する中での相対的没落であった。しかし今日の都市中間層の没落は、投機マネーの略奪運動に起因する・社会的富の総量が変わらない中での没落になっている。

〇八年の世界金融恐慌を引き起こした巨大投機マネーによる金融的略奪は、アメリカの中間層を消滅させたとまで言われる事態をもたらした。中間層の没落が税収におよぼす影響は、極めて大きい。

要因の三つは、国際投機マネーと多国籍企業からの徴税を手控える金持ち減税の流れが強まっていることである。そもそも世界の富が、そこに集中して蓄積されるのであるから、そこからの徴税を手控えることは、税収面での最大の問題だといってよい。

現代は、国際投機マネーを国内に引き寄せなければ、経済を浮揚（実はバブル！）させることができないという時代である。ところがその国際投機マネーは、税率の低い外国に資産・収益を身軽に移転して課税のがれをすることができる。だから徴税を手控えるということになる。産業資本としての多国籍企業も、先進国が市場の飽和（慢性的過剰生産）の渦中にあるため、国際的大競争に促迫されて、少しでも有利な国に生産拠点を移してしまう。多国籍企業を国内に止め置くためとして、法人税の減税が大手を振ってまかり通るのだ。そして詰まるところ、国際投機マネーと多国籍企業からの徴税を手控えさせているものは、彼ら自身の政治力なのである。

〇八年金融恐慌後、投機マネーの強欲に対する批判の高まりの中で一定の揺り戻しはあるものの、課税上のこの構造は変わらない。

(iii)人民への犠牲の転嫁

このように、先進諸国の財政支出の肥大化と税収の限界は構造的なものとなった。しかも〇八年金融恐慌の中で、元凶である投機マネーと資本主義経済とを救済するために巨額の財政支援がなされ、財政危機を一気に悪化させた。ブルジョア国家は、この事態を打開するため、元凶に責任をとらせることはせず、緊縮財政と大増税で人民に犠牲を転嫁する方向に向かう。国家と人民の対立が先鋭化する。

避けられない展開ではある。ここまで来ると、内乱の芽が顔をのぞかせることになるだろう。

③国家を支える社会が崩壊

国家はいかに強大であろうと、社会の側からの内発的な支えがなければ、それは機能しない。今日進行している社会の崩壊は、国家にとってみれば、そうした社会の側からの支えの喪失を意味する。

まず資本主義が、自己にとって絶対的に過剰な人口を産出しだしている。資本が社会の大多数を占める「無産者」を雇い、そうすることで民衆に生存を保障する仕組みが、作動しなくなってきたということである。また労働者階級の就業層においても、労働者使い捨てシステム、労働力の再生産が困難な賃金水準、長時間・過密労働が広範化している。資本による労働の包摂が劣化してきているということである。

また企業・学校・家族などの社会システムが揺らいでいる。その根底にあるのは、ブルジョア社会の在り方からの転換を求める高次の欲求の増大である。

さらには、社会の目標や価値観が混迷しだしている。それは、ブルジョア社会の目標や価値観

（「経済成長」など）が色褪せ、社会を損ないはじめたためである。また、ブルジョア社会に代わる新たな社会の目標や価値観が、「定常社会」「相互扶助社会」「地産地消社会」「ネットワーク社会」等々として芽生え出しており、このことも社会の目標喪失と価値観の混迷に拍車をかけている。

人々が目標を喪失し、価値観の混迷に陥っている社会。社会システムが崩れ出した社会。人々が仕事に就けず、就けても生存が脅かされる社会。社会がこうした中では、人々は国家から離反し、生存のために新しい社会システムの構築へと向かう以外ない。

今日の国家は端的に言えば、社会の支えを失った・社会の上に浮いているだけの存在になりつつあるということである。国家の統治は、極めて不安定化せざるを得ない。

このため国家は人民を統治するに際して、排外主義の扇動、人民内部の矛盾の利用、監視と弾圧に頼る傾向を強める。あるいは人民に迎合する方向へと大きく揺れる。国家はそのようにして自ら社会の崩壊を加速する。社会崩壊時代の国家は、不安定にならざるを得ない。

④支配階級が末期的内部抗争に

今日、支配階級は、深刻な路線対立・内部抗争にはまり込んでいる。

ブルジョア社会が耐久消費財産業の発展に牽引された時代には、国家は、ケインズ主義的財政支出（アメリカの軍需、西欧の福祉、日本の公共事業）でこれを支え、利益誘導型統治システムをそれなりに安定的に機能させることができた。資本家たちの間で分ける利潤が急速に増大した時代であり、大多数の労働者も賃上げによって物質的豊かさを享受した時代だった。その意味では、支配階級の結束という点でも、階級支配秩序の維持という点でも、国家の機能不全をもたらす要素は無かった。

しかし、資本主義が歴史的役割を終え、社会が崩壊しはじめたことによって、事態は一変する。支配階級内部に末期的路線対立が現れてくる。

最初に登場したのが、国際投機マネーの略奪運動をあからさまに擁護し、社会が崩壊しようと構わないとする新自由主義・市場原理主義の「第一極」路線であり、要するに体制末期の資本主義護持派である。

資本は、「自己増殖」運動に行き詰まれば、資本でなくなる。それ故この路線は、歴史的役割を終えた資本が延命のために推し進める路線なのである。だがこの路線は、実体経済からの貨幣資本の遊離とその投機マネーへの転化を促進し、社会の崩壊を加速する。それでも構わないという路線なのだ。もちろん支配秩序の崩壊を放置するというわけではない。人民に対する監視を強め、その反抗を国家暴力によって押さえ込もうとする。社会的差別を煽り人民を分断し互いに対立させることで、支配を維持しようとする。

この路線は、七〇年代末・八〇年代初頭にサッチャー・レーガンによって旗揚げされ、世界に伝播していった。欧州や日本では、新自由主義・市場原理主義の前に「アメリカ一辺倒」という政治的特徴がつく。それは、ソ連の崩壊で唯一の超大国になったアメリカが、欧・日に対する統制を飛躍的に強めたことに適応しようとするものであった。それはまた、欧州や日本では、投機マネー経済への「発展」が遅れていたこともあって、超大国アメリカの圧力の下で新自由主義・市場原理主義の導入を推進しようとするものであった。

このような新自由主義・市場原理主義路線に対抗して、支配秩序を維持する見地から、民衆の社会的包摂を重視する「第二極」路線が現れる。この路線は、ブルジョア階級の広範な部分（産業資本・特に相対的に小規模な資本）の利益を擁護する。ただこの路線は、資本主義の「発展」がマネーゲーム資本主義の方向にしかない現実の中では、市場原理主義的改革と労働者民衆の社会的包摂との間で動揺するマッチ・ポンプ路線にならざるを得ない。

この路線は九〇年代の欧州において、典型的に登場した。それは、国際政治においては、超大国アメリカと一定距離をおく傾向として立ち現れる。実際、当時の欧州はEUという形での欧州統合を推し進めており、アメリカと一定距離を置くことのできる主体的環境を作り出していた。

日本の場合は、二〇〇二年に誕生した小泉自民党主導政権が、戦後の利益誘導型統治システムと対決しアメリカ一辺倒・市場原理主義の旗を立てた。日本はこれによって、投機マネーの国際競争場裏に投げ込まれ、現代的な格差・貧困問題が浮上するなど社会の崩壊が現実化する。小泉政権は格差・貧困問題が浮上する直前に身を引くが、それを引き継いだ自民党主導政権は、ことごとく短命に終わらざるを得なかった。

そうした中で、二〇〇八年に世界金融恐慌に直撃されたこともあって、二〇〇九年には「東アジア共同体」「国民の生活が第一」というアメリカから一定距離を置き民衆の包摂を重視する路線をかかげた鳩山政権が誕生することになる。だがこの政権は、アメリカの圧力、官僚および財界の妨害に直面して短命に終わり、アメリカ・官僚・財界に擦り寄る政権へと交代する。日本の場合は、支配階級の路線対立・内部抗争が国家の機能不全をもたらす点において、最も際立っている。

今日の支配階級は、マネーゲーム資本主義をあからさまに推進し、社会が崩壊しても構わないとするのか、社会の崩壊を是とせず、路線的動揺の中に身を置くのか、この二つの道の間で股裂きになる。これが、国家の機能不全をもたらす一つの大きな要因になっているのである。

今後、労働者民衆の闘いが高まり、社会の崩壊の中から新たな社会システムが発展し、政治的「第三極」が形成されるならば、今日の支配階級の路線対立と内部抗争は、支配の危機をもたらさずにはおかない。世界金融恐慌（これに日本の場合、東日本大震災・福島原発事故が加わる）は、そのような情勢を開こうとしている。

⑤代議制民主主義が機能麻痺に

ブルジョア国家は、全てではないが基本的に代議制民主主義を統治システムとしている。代議制民主主義は、国家の一定の構成部分を国民の選挙によって選出し、国家の政治意志を形成するシステムである。この代議制民主主義は、統治がブルジョア階級と国家官僚によって為されている事実を覆い隠し、それが国民によって選出された政府によって為されているのだとする欺瞞を可能にしている。

国家機構の大部分を構成する軍隊と官僚機構は、代議制民主主義によって形成される政治意志とは相対的に独自な・社会を統治するための機構である。この統治機構は、ブルジョア階級と深く結びついている。代議制民主主義によって形成される政治意志は、この統治機構が協力する政治的範囲内でしか貫徹しえない。

それに資本主義的企業と市場からなるブルジョア階級の経済システムは、国家との関係で極めて自律的である。代議制民主主義をはじめとした国家機構は、政治的統治というその専門的役割を果たす上で、この経済システムの維持・発展を基本にする以外ない。

そしてもちろんブルジョア階級および個別資本は、何年かに一度の選挙についても、自己の利益を代表する候補者が多数となるように画策する。選挙制度、世論工作、選挙資金、企業組織の動員、国家機構の利用、等々によって。

このような代議制民主主義にも、歴史的変遷がある。

ブルジョア国家は、それが誕生して間もない不安的な時期には、地主階級の巻き返しに対抗する必要から「人権」や「自由・平等・博愛」の大義の旗の下に下層民衆を取り込みつつ、選挙・被選挙権を納税額などで制限して議会から下層民衆を排除していた。

しかしブルジョア国家は、機械制大工業の発展を背景にして労働者階級の数と結束と反抗が増大すると、まず男性だけを対象にした普通選挙権を、そして女性参政権を導入していく。それは、労働者階級・人民の闘いの成果であったが、同時に、機械制大工業の発展（国際的搾取・収奪体系の発達でもある）を背景に政治的安定の仕組みを作り出そうとする国家の側からの国民統合策でもあった。

ブルジョア国家は、代議制民主主義の内に労働者階級・人民を包摂するだけでなく、産業の発展（物質的豊かさの実現）を基盤に所得再分配機能（累進所得税や福祉予算の拡大）を強化することでその政治的包摂をうち固めていく。代議制民主主義は、この国家による所得再分配において重要な役割を果たした。

近年、代議制民主主義がこうした役割を果たせなくなってきている。

その理由の第一は、支配的資本となった投機マネーが、他の階級・階層や同じ階級の人々に対してさえも、それらとの協働・協力関係の側面をもたず、ひたすら略奪の対象としていることにある。投機マネーは、ブルジョア階級全体の団結にも、また他の階級・階層を政治的に取り込むことにも関心が薄い。議会で議論し、妥協し、多数をまとめることに消極的である。このような投機マネーが支配的資本になって政治に大きな影響を及ぼしている。代議制民主主義の機能不全の一因である。

その理由の第二は、支配階級が、解決不能・拡大一途の内部路線対立に陥っていることである。資本主義は、マネーゲーム資本主義を発展させる道を歩む以外ない。しかしそれは、社会を崩壊させ、階級支配を危うくする道でもある。このジレンマは、解決不能・拡大一途であり、支配階級内部に末期的な路線対立を生みだしている。

即ち一方の側に、投機マネーの自由を拡大する「第一極」路線が立ち、他方の側に、投機マネーの自由の拡大と社会の崩壊を押し止めることとの間で動揺する「第二極」路線が立つ。この二つの路線の間で支配階級（政党・官僚・資本）が分裂し、また右往左往しながら、全体として混迷の淵に沈没していく。この混迷が、議会の混迷をもたらすのである。

その理由の第三は、支配階級が利益誘導型統治システムの崩壊以降、民衆の政治動向を制御できなくなってきていることである。代議制民主主義は、民衆を政治的に包摂する機能を果たすどころか、民衆が国家の運営をかく乱し困難に陥れる仕組みへと転化してしまっているのである。

民衆は、国家から排除されている存在（「代議制」はその象徴）であるから、社会の崩壊と生存の危機が深まる中で、その打開を求めてとりあえずは支配階級の路線対立に選挙と通じて介入する以外ない。そしてはげしく流動し介入する。政党の方は、その取り込みに必死となる。概して、マネーゲーム資本主義を推進する「改革」派は、所得再分配システムをやり玉に挙げ、社会的差別の扇動を厭わない。支配の安定を追求する「包摂」派は、財政赤字の増大を厭わない。これらは、民衆のはげしい流動と介入に突き上げられて、支配階級の二つの傾向を過度に増幅させ、国家の運営を危うくする。支配階級の間でポピュリズム（大衆迎合主義）批判が起こる。

こうした事態は、労働者民衆が代議制民主主義をテコに、「第三極」政治勢力として登場する道を広げている。

その理由の第四は、官僚支配の露呈と弱体化である。

代議制民主主義がその役割を果たせていたのは、またそのような外観を保持しえていたのは、その背後にある官僚システムが機能していたからでもある。しかし、耐久消費財産業の発展時代が終焉し、役割を終えたケインズ主義的財政出動・利益誘導型統治システム（政・官・財の癒着）の解体が求められる中で、基軸的役割を果たしてきた官僚システムが明るみに引き出され批判されるようになる。

それは、国家権力の主要な部分が官僚にあることを明らかにし、官僚による民衆支配（統合）を弱め、官僚を末期的路線闘争の渦中に投げ込み、そうすることで官僚支配を弱体化させる。官僚支配の弱体化は、それを土台とする代議制民主主義の機能不全も意味する。

官僚支配（統治機構）の弱体化と代議制民主主義の機能不全は、住民自治とそのネットワークの形成を促し、住民自身の合意形成システムを発展させずにはおかない。

⑥イデオロギー的国民統合が劣化

(i)グローバル資本主義と愛国主義

かつて愛国主義は、ブルジョア国家（国民国家）の樹立を牽引し、国内市場の形成と国際的な市場（植民地）拡張を推進するのに寄与した。それらは、他民族抑圧の拡大を伴うものであったが、資本制的生産の発展を導いた。愛国主義は、ブルジョア国家を政治的に支える最も核心をなすイデオロギーなのである。

しかし今日、愛国主義はアメリカ帝国システムと対立し、世界市場の統一性を破壊しかねない要因、世界市場において残存する諸障壁の解消を妨げる要因へと転化している。それらは、世界をまたに駆けて肥大化する巨大投機マネーにとっても、また産業の成熟（市場の飽和）の上でやっていかねばならない多国籍化した産業資本にとっても、基本的にマイナス要因になっているのである。

とはいえ資本は、国民国家を基盤としているため、他国資本との競争においても、人民に対する政治支配においても、愛国主義を利用せざるを得ない。のがれられぬジレンマである。

(ii)今日の愛国主義高まりの内実

今日、世界的に愛国主義の高まりが見られる。ただし先進国と新興国・発展途上国では、その内実が異なる。

先進国の場合は、その背景に社会の崩壊がある。過剰人口（絶対的・相対的）の急増、自己中心主義的価値観の蔓延、人々の絆の消失である。その中でとりわけ中間層が、没落へ危機感・恐怖を募らせ、「テロリスト」や「外国（人）」を標的にした排外主義的連帯へと漂流しているのである。

アメリカは、第二次帝国主義世界大戦の戦勝を媒介に他の帝国主義諸国を一定統制・支配して国際反革命同盟体制の主柱の地位を獲得した。アメリカは、制約されない権力行使の自由を、国際社会においてかなりの程度において保持しているのである。そのことが、グローバル資本主義時代における愛国主義への制約を、アメリカにおいては特別弱いものにしているのである。われわれは、ブッシュ政権時代の単独行動主義的武力行使（アフガン・イラク侵略）を後押しした愛国主義フィーバーに、それを見ることができる。

しかし、超大国アメリカといえども自己中心的な愛国主義的行動には政治的限度がある。限度を超えれば世界的規模で愛国主義の高まりを促進し、国際反革命同盟体制とグローバル資本主義というアメリカ資本がそこから最大の利益を引き出しているシステムを崩壊させてしまうからである。

EUにおける愛国主義の高まりは、アメリカとは若干異なる仕方で現れてきている。すなわち、EUにおける愛国主義は、アメリカの覇権に対する抵抗という形態で表出しないではないが、主に「外国人」移住労働者に対する敵意の形を取って噴出してきていることである。

その背景の一つは、超大国アメリカの世界覇権の下に在るという現実である。二つは、欧州諸国ブルジョアジーの同盟という側面をもつEUという現実である。この現実の圧力の為に、愛国主義がいじめの連鎖という形をとってより弱いものへと向かい、「外国人」移住労働者に対する排外主義となって凝縮し噴出するのである。

日本は、超大国アメリカへの従属がEUよりもはるかに強い。また近隣の諸国・人民に対して侵略の過去を清算し切っていない。このため愛国主義は、アメリカの覇権に対する抵抗としてはほとんど表出せず、アメリカの東アジア分断統治策に誘導される形で、近隣の諸国・人民に対する開き直り的排外主義として噴出しだしているのである。

これに対して新興国・発展途上国において高まる愛国主義の場合は、その背景に自国産業資本の発展がある。先進国の産業資本が産業の成熟（横断的な先進国市場の飽和）によって新興国・発展途上国へと大挙進出したことを契機に、新興国・発展途上国が波状的に急激な産業発展時代へと突入したのである。これを背景に、「富国強兵」時代の愛国主義が高まっているわけである。

ⅲ愛国主義の根底的劣化

今日、先進国の愛国主義は、資本制的生産の発展を政治的に牽引する役割を果たし終え、しかもグローバルに発達した資本主義システムの障害へと転化している。とはいえ、そのことは、先進国の愛国主義が政治的に無力化したとか、ましてや反資本主義の武器に転化したことを意味しない。資本はグローバルに拡張された権益を守る際に、結局は愛国主義で武装した自国の国家に依拠する以外ないからである。超大国アメリカの怒りを買わない範囲内で、またアメリカ帝国システムを損なわない範囲内で、愛国主義を利用し制御するのである。

労働者民衆にとって重要なのは、先進国における愛国主義が、もっと根底的なところで劣化の過程にはまりこんでいることである。

すなわち時代の趨勢は、「産業の成熟」「地球環境限界への逢着」「人間（関係性）の豊かさへの欲求の増大」によって規定されている。時代は、資本主義の歴史的役割が終わり、国家が廃絶され死滅する方向に向かっている。そこに愛国主義の存続の余地はないのである。

ただこの人間の時代への三つの契機の台頭は、ブルジョア社会においては「社会の崩壊」をもたらす。それが、没落する中間層のなどの間で、愛国主義への逆流を副産物として生み出しているのである。

とはいえ副産物だからといって、これを軽視してよいということではない。没落する中間層を中心としたこの流れが下層の労働者を広く捉えだせば、それは事件となる。その分かれ目は、労働者民衆の側が、崩壊する既存の社会システムに置き換わる・人々の新しい生存の在り方となる社会システムを、人間の時代を開く三つの契機に依拠して闘いとることができるか否かにある。また、人間の時代を開くことのできる政治勢力を登場させることができるか否かにあるのである。

人間（関係性）の豊かさへの欲求の実現は、人々の相互的・協同的な事業としてのみ可能であり、国籍や民族の違いをこえた連帯の発展である。この高次の欲求は、愛国主義を博物館送りとせずにはおかない。

したがって、他民族抑圧の歴史の清算という課題が、人間の時代を開く三つの契機という基盤の上で改めて浮上するだろう。

この課題はこれまで、自決権や賠償などの問題として、「権利・義務」というブルジョア社会の価値観の基盤の上で扱われてきた。あるいは、帝国主義と対決する労働者階級・被抑圧民族の団結形成という「政治」の見地から扱われてきた。

だがこれからの他民族抑圧の歴史の清算は、「権利・義務」や「政治」の見地からの取り組みを包含しつつも、人間（関係性）の豊かさの実現という社会革命の内においてこそ位置づけられ実現されるに違いない。それは国家を廃絶・死滅させる過程における・人類の世界史的な総決算事業となるだろう。

［2］アメリカ帝国システムの機能不全

アメリカ帝国システムは、超大国アメリカ自身の世界覇権体制とアメリカを主柱とする諸国家の連合体制（国際反革命同盟体制）とから成り立っている。後者は、日米安保体制、北大西洋条約機構（NATO）、国際連合（安全保障理事会、WTO、IMF、世銀、OECD、ILO、世界保健機構、等々）、G八・G二〇などの総体である。アメリカ帝国システムは、グローバル資本主義（マネーゲーム資本主義と多国籍企業資本主義）が存立する政治的条件である。

このシステムは今日、①超大国アメリカの没落、②反乱・紛争の世界的拡大、③地球環境崩壊への無力によって機能不全を露呈し拡大している。それは、グローバル資本主義とそれにリンクした諸国社会の崩壊を加速せずにはいない。

①超大国アメリカの誕生

グローバル資本主義は、アメリカ帝国システムを前提にして成り立っている。諸大国の対等の同盟によっては、大競争時代の激化する利害対立を抑えて世界市場の統一性を確保することはできない。第二次世界大戦が、他の帝国主義諸国を一定統制・支配する地位に立つ超大国を登場させた。この超大国が文字通りの世界帝国システムを構築したのである。

アメリカの超大国としての地位は、次の四点において特徴づけることができる。

第一は、軍事力の圧倒的優位であり、その核心としての核戦力の圧倒的優位である。

超大国アメリカの軍事力は、核戦力のグローバルな体系を核心に構成されている。

核独占を維持せんとするアメリカの意志はすさまじい。アメリカは、核拡散防止条約の受け入れを諸国に迫る。アメリカの監督外で核開発を企てる国に対しては、経済制裁を課し、核施設の爆撃を計画し、多大な援助と引き換えに開発の断念を引き出そうともしてきた。こうしたことは、核独占が超大国の地位と固く結びついていることから生じているのである。

超大国の地位は、まずもって他の諸大国との関係としてある。それゆえ核独占の維持も、主眼はそこに置かれている。「親藩・譜代」の仲である英・仏が小規模の核を保有することは容認しても、同盟国とはいえ「外様」の日・独・伊の保有は、アメリカにとって受け入れられないことなのである。それでもドイツは、独仏連合・EU統合による迂回的核保有を目指している。日本はアメリカに忠誠を誓う中で、核物質と核兵器製造技術の国内蓄積を果たしてきている。アメリカは、国際社会で重きを成そうとするこれら大国（支配階級）の核武装への熱望を抑え込んできたのである。敵視する「外様」の中国やロシアの核戦力に対する警戒と無力化への意志は、もって知るべしである。

超大国アメリカの軍事力は、核戦力体系にリンクする仕方でグローバルに展開し、地球上のどこの国に対してであろうと速やかに投入できるように構築されている。その際の要が、原子力空母であり、その数と戦闘能力の圧倒的優位である。アメリカは、原子力空母艦隊を投入することで、制空権を確保して陸上兵力を侵攻させるにせよ、空爆だけに止めるにせよ、世界の各地で傍若無人に振舞ってきた。

第二は、日・独をはじめとした他の帝国主義諸国への米軍の駐留である。

第二次世界大戦で米軍は、敗戦国の日独に進駐し、そのまま半世紀以上経つ今日まで居座りつづけてきた。帝国主義国が他の帝国主義国に長期にわたって軍隊を駐留しつづけるということは、それ以前にはなかったことである。

世界の領土的分割・再分割の時代から、世界的規模で貿易と資本移動の自由を保障し資本の多国籍展開に道を開く時代への移行は、一つの巨大な帝国主義国が他の帝国主義諸国を一定統制・支配する必要を生み出した。その役回りを引き受ける歴史的位置に米帝が在ったということであり、米軍の日独をはじめとした他の帝国主義諸国への長期駐留は、その一つの帰結に他ならない。

アメリカは、第二次世界大戦後ただちにグローバルな覇権を確立したわけではなかった。ソ連が核兵器で重武装し、社会主義（内実は既に国家資本主義に変質）を経済制度とする独自のブロックを形成して米国に対抗したのだった。だがこのソ連との冷戦は、アメリカが日独などの帝国主義諸国に米軍を駐留しつづけ、帝国主義諸国の支配階級に米帝の支配的地位を受け入れさせる上での、条件となった。

一九九〇年代初頭のソ連の崩壊によって、アメリカの世界覇権が「反ソ・反共」の背後から前面化して現れ、駐留米軍がそれをもろに象徴する時代を迎えるのである。

第三は、ドルの基軸通貨化である。

アメリカは、第二次世界大戦直後の一九四八年、西側世界の工業生産力の五五・八％、西側世界の金準備総量の七〇％を、保有していた。アメリカは、この経済力をテコに、ドルを金と兌換可能な通貨にし、他の諸国通貨の対ドル交換性を確保することで、ドルの基軸通貨としての地位を確立した。

その後アメリカは、七〇年代の初頭に至って、金準備の大幅な減少の中で金・ドル交換停止に踏み切り、ドルと他国通貨の交換レートについても、それまでの固定相場制から変動相場制へと移行させた。だが、これによってドルの基軸通貨としての地位は揺るがなかった。金（銀）によって裏打ちされない「章標貨幣」が世界市場で流通することは、それまでにはなかったことである。なぜなら章標貨幣の流通は、国家の強制を条件とするからであり、それ以前の国家は大英帝国といえども、世界市場に章標貨幣を強制する力をもっていなかったからである。

しかし七〇年代初頭当時、アメリカはすでに他の帝国主義諸国をも一定統制・支配する超大国の地位に在り、国際反革命同盟体制の主柱として西側世界における世界秩序の守護者になっていた。それゆえアメリカは、世界市場におけるドルの基軸通貨としての定着を基礎にして、ドルの章標貨幣化に踏み切ることができたのである。

もっともアメリカがドルの章標貨幣化に踏み切ったのは、産業の成熟（さらには工場の海外移転による国内産業の衰退）と海外（当時は日・独）の産業発展によって国際収支の赤字が累積し保有する金も払底して、そうせざるを得なくなったからであった。アメリカ資本はこのドルの章標貨幣化と軌を一にして、産業（モノの生産）で稼ぐ仕方を全面的にではないが止め、投機マネーによる賭博的略奪で稼ぐ方向に転じていく。

第四は、他の諸大国を抑え、政治的に主導して国家連合システムを形成したことである。アメリカは、日・独・伊の世界市場再分割を打ち砕く第二次世界大戦に勝利し、また世界の領土的分割（旧植民地主義）を代表する英・仏との主導権争いにも勝利して、戦後の国家連合システムの形成を主導した。

アメリカを主柱とする国家連合システムは、戦後間もなくソ連－東側ブロックとの対抗関係（冷戦）に入ったため、西側世界に止まった。しかし九〇年代初頭、ソ連－東側ブロックも崩壊する。資本主義の発展が、国家資本主義を過去のものとした瞬間であった。そのことによってアメリカを主柱とする国家連合体制は、グローバル資本主義の上に立つ真にグローバルな体制となった。

こうしてアメリカは、唯一の超大国をして世界に君臨する時代を迎えたのである。

②世界的な国家連合体制

世界的な国家連合体制（国際反革命同盟体制）は、超大国アメリカを主柱とする帝国主義諸国の世界支配体制であるとともに、旧植民地独立諸国をも従属的に組み込んだ国際体制である。それは単独の機構ではなく、歴史過程の複雑性を反映して、重層的に形作られてきている。

(i)国際軍事機構

世界的な国家連合体制の核心は、NATO、日米安保体制などの形で全世界に張り巡らされた軍事機構である。それは、世界の憲兵としてグローバルに展開する米軍の活動の支援機構であり、各地域で米軍の指揮の下に参戦する帝国主義諸国の連合軍事システムに他ならない。

この軍事機構によって防衛・拡張するものは、かつてのような自国の排他的植民地勢力圏ではない。それは、世界支配秩序であり、資本が多国籍展開する上で必要な一般的諸条件であり、そして自国資本のグローバルな搾取体系と権益である。

これらの軍事機構は、冷戦期においては、槍の役割を担う米軍に対し、盾の役割を補完してきた。しかしソ連崩壊・冷戦終結以降、NATOがユーゴへの軍事介入を突破口に域外派兵へと踏み切り、日米安保体制も日本の周辺事態法制定を介して日米共同の軍事介入体制へ一歩いっぽ再編されてきている。

実際の軍事行動は、米軍単独、多国籍軍、PKF（国連平和維持軍）、NATO軍、国連軍など多様であり、アメリカの政治目的の貫徹に都合の良い形態が選択されてきた。

(ii) IMF、世界銀行

IMFは、ドルの支配的地位を前提とした国際的な通貨協力であり、為替取引きの自由の制限・特定国間の差別的通貨取り決め・為替の切下げ競争などを防止して貿易の拡大を促し、また国際収支の不均衡を是正するために基金資金（短期ドル融資）を加盟国に利用させる制度である。世銀の目的は、加盟国の「復興」と「開発」のために、長期ドル資金を貸し出すこと、民間の対外投資を保証し促進することである。IMFと世銀は、超大国アメリカの世界戦略の一環として創設され、その強力なリーダーシップの下に運営されてきた。

第二次世界大戦直後の時期のアメリカの戦略は、ソ連を封じ込め、共産主義革命を防止し、西欧と日本を復興させることによって、アメリカ資本の多国籍展開に向けた環境整備を図ること。同時に英・仏の植民地帝国を解体して、アジア・アフリカ・ラテンアメリカにおける石油等資源に対する支配権を拡張することであった。創設当初のIMFと世銀は、こうしたアメリカの戦略に貢献した。

六〇年代末になると、アメリカにとって大きな転機が訪れる。自国の産業が成熟し、西欧と日本の産業が復興・台頭する。第三世界において反帝民族主義が高揚し、国有化経済が広がる。こうした中で、自己の支配的地位を政治的・経済的に将来にわたって確保しつづけるための巻き返し戦略が求められたのである。

ポイントは、産業の成熟がもたらした貨幣資本の過剰化・膨張への対策にあった。まず過剰貨幣資本の投機マネーへの転化を推進する金融立国である。次に、実体経済（産業）におけるヘゲモニーを維持し続けるために、コンピューターなどの先端産業と農業・資源エネルギーという国際分業の両端に新規投資を集中すること。製造業部門では、競争力の低下する自国産業資本を多国籍展開（西欧・日本へ工場移転）させ、西欧・日本の産業資本をアメリカに引き入れることだった。そして、第三世界における反帝民族主義の高波と国有化経済の広がりを解体する為、復興した西欧・日本の経済力を動員・利用することだった。

この戦略は、七〇年代初頭の「石油ショック」を契機に世界的規模で過剰生産・過剰資本が顕在化した中で発動されていく。そしてＩＭＦと世銀は、第三世界対策の領域で以下のように、アメリカの新たな戦略に大きく寄与したのだった。

すなわちＩＭＦと世銀は七〇年代に入ると、第三世界諸国に対する融資を拡大する。それは先進諸国の過剰貨幣資本や米銀に預けられたオイルマネーの第三世界諸国に対する大規模な貸し付けを先導し、それら諸国を累積債務危機に陥れることになる。そして八〇年代、第三世界の諸国の累積債務危機を取り上げて政治問題化し、ＩＭＦの「構造調整」をそれら諸国に受け入れさせていった。第三世界諸国は、市場開放・市場経済化、リストラ・賃下げ、資源の乱掘乱伐・輸出拡大等々を余儀なくされ、「多国籍企業」に搾取の自由を保障し利子の支払い義務を履行する国家へ、自己改造を強制されたのだった。

(iii) GATT、そしてWTO

ＧＡＴＴ（関税と貿易に関する一般協定）は、第二次世界大戦直後、世界貿易を律する制度として設けられた。その目的は、保護主義の台頭により世界市場が狭隘化し寸断されることを防止すること、関税率を引き下げ、原則として貿易の数量制限をなくすことであった。それは、自由競争によって、多国籍企業の発展と各国の弱小資本の没落を促す制度であった。

ＷＴＯ（世界貿易機関）は、一九九五年に発足した。目的は同じであるが、次の点で異なる。すなわち、ＧＡＴＴは単なる協定に過ぎなかったが、ＷＴＯは、強力な国際管理機関として創設されたこと、ＧＡＴＴはモノの貿易ルールだったが、ＷＴＯはそれだけでなくサービスと知的所有権に関するルールを管理対象に加えた。

＊

超大国の誕生とこの世界的な国家連合システムの形成という条件下で、資本は自己増殖の可能性を余すことなく食い尽くし、その歴史的役割を終えるのである。

③帝国システム下の資本主義の発展・没落

第二次世界大戦後のアメリカ帝国システムの下で、資本は多国籍展開する時代に入る。資本は、かつて共に世界を分割して争った他の帝国主義国の本国市場を含む旧勢力圏にさえも、大規模に浸透し、グローバルな搾取体系をつくりあげていくのである。

これは、いわゆる「多国籍企業論」として論じられてきた領域である。

多国籍企業論の多くは、アメリカ帝国システムとの関係で多国籍企業を捉える視点が欠落しているか希薄であった。多国籍企業の定義を論じる際に従来よく持ち出されてきた資本輸出の対象国数や在外生産比率の大きさなどは、確かに多国籍企業の特徴を反映するものではあるが、帝国主義列強が世界を分割した時代の資本輸出と比べ、その量的増大を指摘すること以上のものとはなりえない。多国籍企業論において重要なことは、アメリカ帝国システムに保障・促進されて、第二次世界大戦における戦勝国・敗戦国のいずれの資本もが、かつて共に世界を分割して争った相手国の本国市場を含む旧勢力圏にさえも浸透し、グローバルな搾取体系を作り上げたことである。

多国籍企業論において上記のことと合わせて重要なことは、旧勢力圏を超えた資本の浸透が、「大規模」に実現されたということである。多国籍企業を論ずる際、個別企業の特徴という領域に囚われる態度は、大きな誤りである。グローバル企業は、帝国主義列強が植民地を領有し世界を分割していた時代にも、部分的には存在した。しかしそのグローバルな搾取体系は、当時は世界市場再分割戦争によって結局寸断されざるをえず、全面的に発達することはなかった。だが今や帝国主義諸国の資本は、部分でなく全体として多国籍展開する時代になっているのである。

資本の多国籍展開は、三つの時期に区分することができる。

第一期は、資本の多国籍展開が、まずアメリカ資本の多国籍展開として始まった六〇年代である。

アメリカ資本は、欧州と日本が戦災からの復興過程にあった五〇年代末頃までは、主として「南」の地域に向かう。

当時この地域では、新参の帝国主義である日・独・伊が敗退しただけでなく、英・仏という広大な植民地を支配しつづけてきた古参の帝国主義も疲弊し、その間隙を突いて民族独立運動が燃え広がり次々と独立を闘いとっていた。そうした中でアメリカは、旧植民地主義の没落と植民地の独立を促し、それをテコに旧植民地主義時代に締め出しを食らってきたこの地域へ浸透し、自己の権益を拡大していったのである。とりわけ中東においてイギリスの影響力を後退させ優勢な石油権益を確保したことは、アメリカ本国、ベネズエラ、インドネシアの石油権益と合わせて、米系石油メジャーのグローバルな規模での石油資源支配の確立をもたらしたのだった。

アメリカ資本は六〇年代に入ると、復興した西欧へと大挙浸透していく。それは、資本が国境を超えて大規模に相互浸透する時代（「多国籍企業の時代」）の本格的な幕開けだった。

そこにおいておさえておくべきことの一つは、西欧へのアメリカ資本の浸透が、「アメリカによる植民地支配」というセンセーショナルな反発を巻き起こすほど衝撃的に大規模だったこと、しかも自動車産業に代表される当時の西欧におけるリーディング産業に重点的に浸透したことである。二つは、西欧の諸国家が、このアメリカ資本の大規模な浸透を阻止する力量を持ち合わせていなかったことである。三つは、この時期に西欧諸国の資本が、アメリカ資本との競争を通して資本の集積・集中と資本輸出とを加速し、次ぎの時期に始まる多国籍展開（アメリカ市場への浸透）への土台を築いたことである。

第二期は、西欧の資本がアメリカ市場へ大挙浸透し多国籍展開した七〇年代、および、日本の資本が米国（および西欧市場）に浸透した八〇年代である。

すなわちこの時期の特徴は、アメリカ資本だけが多国籍展開した段階から、全ての先進諸国の資本がかつての勢力圏を超え、お互いの本国市場についても相互浸透する段階に到達（旧勢力圏内の分業を基軸としてきた段階から国際分業が本格的に発達していく段階に移行）したことである。

九〇年代初頭にソ連が崩壊し、アメリカ帝国システムの下でグローバル資本主義が全面展開する時代を迎える。それは、勢力圏・ブロック化経済の最後を告げる事件であった。

なお、資本が多国籍展開する契機は、多様化している。資源のため、安価な労働力のため、販売市場のため等々という従来資本輸出の契機として重視されてきた要素は、依然生きている。それらに加えて、生産と販売に国際的ネットワークの威力を利用するため、また現地の需要の特殊性に応ずる必要が高まってきているため、あるいは貿易収支の不均衡（黒字）が引き起こす相手国（アメリカの場合が多い）からの批判をかわすため、更には変動相場制下で自国の貨幣価値が高騰し自国からの輸出では採算に合わなくなったため、などの要素が重要になってきていると言える。

日本の資本は、一九四五年の敗戦で旧植民地の権益を完全に失ったためか、西欧の資本と比べても復興後長期に、資本輸出の主な対象を南の諸国における権益（特に資源）の獲得へと向けた。日本のアメリカへの大規模な進出は、七〇年代にアメリカが電気・鉄鋼・自動車などの領域で連続的に展開した貿易不均衡批判・輸入課徴金の賦課・輸出自主規制の強要に追い詰められて、ようやく八〇年代に本格化する。そして、八五年の「プラザ合意」をテコにアメリカ主導で円高誘導が開始されるとともに、日本の資本は資本輸出を急増させ、多国籍企業の時代に入るのである。

第三期は、ソ連が崩壊し、アメリカ帝国システムによって世界市場の統合性が打ち固められた九〇年代以降の時期である。

この時期になると、アメリカに続いて欧州・日本が、資本の多国籍展開とともに産業の成熟・市場の飽和に到達し、過剰貨幣資本が膨張過程に入る。既に七〇年代初頭からその過程に入っていたアメリカの資本は、この時期、グローバルなネットワークシステムを発達させて大規模なマネーゲーム経済にのめり込む。それは、見掛け上の繁栄の背後で、超大国アメリカの根っ子を腐らせ、その帝国システムの機能不全を準備した。

④超大国の衰退による帝国システムの機能不全

アメリカ没落の第一の根拠は、物質的生産を海外に委ね、全世界からの金融的略奪によって稼いだマネーの一部で消費を謳歌する国に変貌してしまったことである。しかもその消費は、社会の上層階級の浪費とそのおこぼれでしかないものであった。まさに歴史上の大帝国が落ち込んだ没落の道に、アメリカもはまり込んでしまったのである。

アメリカの没落の第二の根拠は、その圧倒的な軍事的優位の綻び（核独占体制の動揺と軍隊の傭兵化）である。

核独占は第二次大戦後、アメリカが他の諸大国を一定統制・支配して世界支配秩序を維持する上での、軍事的要であったし現在もそうである。だが今や核兵器は小国においても製造できる時代になり、核保有が、国連安保理・常任理事国（米・露・英・仏・中）の枠を超えてイスラエル・インド・パキスタンへと広がっている。

アメリカは、その世界覇権を確保するために、核独占体制の建て直しに必死になっているが、朝鮮・イランの核武装化、非国家・武装勢力への核拡散への趨勢を押し止めることが困難になっている。

アメリカの世界覇権の最大のよりどころである圧倒的な軍事力は、その要の核独占体制において大きく綻びだしているのである。

歴史上の大帝国が崩壊する時、その軍隊の傭兵化が一つの大きな要因としてあった。アメリカもその例にもれず、一握りの富豪たちの利益のために戦う軍隊が、貧困・生活不安定層、エスニック・マイノリティーをリクルートする形で編成されるようになってきている。戦争において軍事会社の雇い兵を広範に使いはじめていることは、同じ脈絡の内にある。この矛盾は、大きな弱点となって浮上せずにはいない。またそのこと以上に重大なのは、ますます他国の軍隊の力を借りなければやっていけなくなっていることである。

アメリカの没落の第三の根拠は、世界的な政治的統合力の衰弱である。

アメリカの世界的な政治統合力を衰弱させた要因の一つは、アメリカに発するマネーゲーム資本主義が、地球の隅々まで社会を破壊し回る時代に入ったことだろう。世界がアメリカの覇権に対しては反発しながらも「アメリカンライフ」に憧憬していた時代は、過去のものとなったのである。

その要因の二つは、国家レベルで進行する地域連合の形成なり多極化を挙げることができるだろう。多極化の背景に在るのは、アメリカをはじめとした中心国の産業空洞化と周辺国の工業化であり、マネーゲーム資本主義の破壊作用から自国の社会＝経済を守ろうとする傾向の強まりである。

その要因の三つは、アメリカの自己中心的行動の露骨化がある。アメリカの自己中心的行動の露骨化は、ソ連崩壊による唯一の超大国化、多極化による国力の相対的低下、マネーゲーム資本主義（＝賭博的略奪）という生活スタイルなどによる。

超大国アメリカの没落は、列強による世界市場再分割戦の時代を再来させるとする見解がある。これは誤りである。

理由は簡単だ。資本の多国籍展開を介して国際分業が高度に発達してしまっている環境の中では、それを破壊するような市場再分割戦争は、どの大国にとっても自国の経済的破滅をもたらさずにはおかないからである。またこれがより重要なのだが、超大国アメリカの世界覇権に挑戦することを可能にする・経済的土台のところでの新産業の勃興が、いずれの国においても最早ありえないからである。

アメリカ帝国システムは、構成諸国総体をマネーゲーム資本主義、社会の崩壊、国家の機能不全へと引きずり込んでいく。そうすることでアメリカ帝国システム自身を土台から腐らせ崩していくのである。

⑤地球環境限界への逢着を前に無力を露呈

超大国アメリカを主柱とする世界的な国家連合体制は、単に諸国家および諸国支配階級の利害調整機関に止まることはできない。それは、諸国人民の生活に関わる国境を超えた諸課題、人類的諸問題を解決する政治的・道義的な責任を負うことになる。特に、アメリカ帝国システムの下で国家間の対立・闘争が制約され、あらゆるレベルでの国境を超えた関係が緊密となった現代においては、その比重が相対的に高まっているし益々高まらずにはいない。その点での最大の問題が、地球環境問題である。

地球環境の破壊は、利潤を目的とする資本の本質に根差すものであり、資本の無限の自己増殖運動に牽引された人類社会の生産・消費・廃棄が、環境限界を踏み越えて増大してゆくことに起因するものである。いまや地球環境が回復不能となる崩壊レベルに到達する危険について議論される時代に入ってきている。

人類の存立基盤である地球環境が崩壊するということは、人類共通の大問題のはずである。しかし、この問題への対応は、問題の大きさに比べて哀れなほど惨めで、しかも足並みが揃っていない。その主な根拠は、次の二つである。

一つは、資本の自己増殖運動を人格的に体現する人々が、国家・社会の支配的地位を占めているからである。この人々が「エコ」を標榜するのは、市場での競争に有利な限りでのことである。

二つは、資本主義に牽引されて産業発展の只中にある諸国、民衆の多くが貧しさからの脱却・物質的豊かさの実現を求めている諸国が存在しているからである。これらの諸国においては、資本の推進的翼に先進諸国からの資本が位置し、自然環境破壊でも先頭に立っている。

このため世界的な国家連合体制は、地球環境崩壊という人類社会の存立を根底から覆す大問題にたいして、何ら有効な対策を打ち出すことができない。そのことは、この国家連合体制の存在意義にダメージとなってはね返っていくだろう。

⑥民衆反乱の世界的拡大による機能不全

過去の二つの世界大戦は、機械制大工業の発達を基盤にした・世界市場再分割競争の継続としての帝国主義戦争であった。今日の戦争の主要な性格はそのようなものではない。

今日の戦争の主要な性格は、秩序崩壊地域が内外で拡大し、労働者民衆の反抗の波が周辺から、また中心部底辺からも湧き起こる事態に対して、超大国アメリカと諸大国の支配階級が、自己の安全を守りつつ、グローバルな経済秩序と権益を確保しようとする戦争なのである。そこでは、諸大国の支配階級相互の市場再分割、資源争奪、陸・海・空・宇宙での軍事的ヘゲモニー争奪は、激化するも副次的である。

この戦争は、民衆を相手とするが故に、戦闘に勝利すれば民衆の恨みを掻き立て、負ければ民衆の反乱を勢いづかせる戦争である。またこの戦争の背景には、帝国システムの崩壊が周辺部と中心部底辺から広がり、支配階級のシステムの内部で生きていけなくなった民衆が溢れだしている現実がある。したがってそれは、支配階級が勝つことができない戦争なのである。

超大国アメリカの帝国システムは、自己のシステムの内に包摂できなくなった民衆にたいして、監視・弾圧重視路線と政治的再包摂重視路線との間で揺れながら対処を強めている。しかし、崩壊と反乱の帝国心臓部への波及を押し止めることはできない。

[3] 帝国システムの機能不全と新しい社会

アメリカ帝国システムとそれを構成する諸国家の機能不全は、住民自治と地域社会再建の動きを広げ、その広域的・世界的なネットワークの発展をもたらすだろう。そうしなければ、社会は存立できず、人々は生存できないからである。そして、ネットワークに支えられた住民自治・地域社会再建の広がりの中から、人間（関係性）の豊かさを実現する一つの協同社会が姿を現してくるに違いない。

第五章　人類の新時代へ

［1］新時代への出発

①問われる混迷の打開

今日資本主義は産業の成熟と地球環境限界への逢着とをもたらし、これらが人間（関係性）の豊かさへの欲求を増大させた。こうして人間の時代への三つの契機がそろう。それらは、資本主義が歴史的役割を終えたことの証であるとともに、資本主義を社会の存立の桎梏に転化した。社会が崩壊し、国家が機能不全に陥る。人々が生存を脅かされ、孤独と不安の淵に投げ込まれている。社会を再建する道は唯一、産業の成熟と地球環境限界への逢着を条件に、人間（関係性）の豊かさへの欲求が切り拓く道である。

ブルジョア社会において人間の時代への三つの契機は、社会の崩壊と国家の機能不全をもたらす。

人々は生存確保の必要に迫られて、社会再建の道を模索する。その中で人々は、人間の時代への三つの契機に促され、人間（関係性）の豊かさの実現を目的とする新しい社会の創造へと向かう。新しい社会の萌芽が姿を現し、ブルジョア社会との両立不能性を露わにしてゆくのである。

現に、二〇〇八年世界金融恐慌とその後の資本主義経済の世界的混迷が、社会の崩壊と国家の機能不全を加速している。二〇一一年の東日本大震災・原発事故が、日本において事態を一気に深刻化し、社会再建の方向をめぐる議論を呼び起こした。社会的矛盾の爆発や災害は、社会がかかえる諸問題を浮き彫りにし、その解決を迫らずにはおかないのである。

②産業への従属からの離陸

歴史上の革命は、その基底に主要な生産関係の転換があった。物質的豊かさの実現が主要な欲求だったここ数千年の社会（人間）は、従来の生産関係が生産力の新たな発展に桎梏となった時、生産諸力を発展させることのできる新たな生産関係（その人格的担い手）を支持したのである。農業・牧畜の発展は史上初めて階級システムを出現させた。工業の発展が資本主義的な階級システムを出現させた。しかし今日進行している変化は、それらとは質的に異なるものである。

産業が成熟し、生産力の発展の時代は終焉したのである。地球環境限界にも逢着してしまった。そして何よりもそれらによって、社会（人間）の中心的欲求が変化した。物質的豊かさへの欲求が後景化し、人間（関係性）の豊かさへの欲求が中心的欲求となったのである。

それは、資本主義と市場に強制されてきた産業への従属、その変形であるマネーへの従属からの社会（人間）の離陸をもたらす。それは人と人、人と自然の直接的かつ豊かな関係を発展させる。物質的豊かさのために関係性（人と人・人と自然）を犠牲してきた在り方が転換される。

この人間（関係性）の豊かさは、国家ではなく、住民自治（とそのネットワーク）の下で発展・実現されるのである。

③新しい社会の創造と政治革命

産業（労働手段）が君臨し発展した時代は、階級システムが機能した時代であり、国家を必要とした時代だった。しかし人間の時代への三つの契機の形成を基盤に広がる新しい社会の創造は、国家の廃絶・死滅をともなわずにはおかない。

それは、一大政治革命となるが、これまでの歴史上の革命とは本質的に異なるものとなるだろう。これまでの革命は、新たな階級システムを支配的地位に押し上げ、新たな国家を打ち立てる革命であった。これからの革命は、国家を廃絶・死滅させる革命となる。そこにおいて既存の国家と対峙しこれにとってかわるのは、人間（関係性）の豊かさを実現する社会の発展を土台に持つ住民自治とその広域ネットワークである。

かつてのプロレタリア革命は、こうではなかった。一九一七年のロシア革命に典型的だったように、まず国家権力を樹立し、そののち生産手段の国有化をテコに社会革命を展望した。しかしこの試みは破綻した。理由は、既に見てきたように、資本主義の歴史的役割がまだ終焉しておらず、国家が必要とされていた時代だったからである。社会革命の条件の未成熟は、国際共産主義運動全体が最終目的（階級差別の廃絶と国家の死滅）を「高い段階」に棚上げし、労働者人民の諸権利を実現する「低い段階」を現実の目標としていたことに、反映されていた。革命ロシアは、この条件の未成熟を国家と意志の力で乗り越えようとしたが、かなわぬ夢だったのである。

社会の崩壊と国家の機能不全が進行していく中で、新たな社会の創造が人々によって、萌芽的かつ広範に着手されている。支配階級に対する労働者民衆の闘いも拡大する。その中で住民自治とその広域ネットワークが発展するだろう。それは、国家と対峙する政治勢力として台頭するに違いない。そこは、新時代を開く政治革命への意識性が問われるところである。

［2］住民自治が牽引する社会の再建

①住民自治の再建

国家が機能不全に陥る時、住民自治が現れる。

社会からその共同的機能を剥奪し独占してきた国家が機能不全に陥れば、社会は自己保存のために共同的機能を回復しようとする。住民自治が出現するのである。東日本大震災・原発事故によって当該地方の国家組織が崩壊した際、このことが起こった。住民自治は、国家組織の末端である地方自治体による行政では全くない。

住民自治の発展の道は、国家の妨害に抗して切り拓かれる。

住民自治は、国家の存在意味を否定するものなのである。だから国家は、その芽をことごとく摘み取ろうとする。とはいえ国家は、その機能不全が傾向的に拡大する時代の中にある。そこで今日の国家は、「参加型」と称して、住民自治の欲求を既存の国家機構の内に包摂する対策を強めている。それはそれで国家の機能不全を拡大せずにはおかない。住民自治は、国家のこのような抑圧と包摂にたいして適切に対処することを通して、一歩いっぽ地歩を拡大していくことになる。

住民自治は、意識的に発展されねばならない。

産業発展の時代、階級システムが生命力を保っていた時代ならば、国家の機能不全は基本的に一時的現象であった。その時代には、既存の国家の責任を問い、窮極的には新たな国家の樹立によって対処するのが大道であった。しかし現代においては、国家の機能不全に対して、既存の国家の責任を問いつつも、住民自治を発展させることが大道となる。産業の成熟・地球環境限界への逢着・人間（関係性）の豊かさへの欲求の増大といった人間の時代への三つの契機が、住民自治の発展を要求し可能にもしているからである。

人々は、このような住民自治をもって社会革命を推進する。人間への時代の三つの契機に立脚して地域社会の相互扶助領域を育て、地域社会の自律的発展を実現するのである。そうして住民自治を打ち固めるのである。

②相互扶助領域の発展と基幹化

東日本大震災・原発事故という事態に直面して、物質的豊かさの実現を追い求めてきたこれまでの生活の在り方が問い直され、利他の思想が思い起こされ、百万人がボランティアとして被災地に入った。復旧・復興過程の中で、地域の絆・コミュニティーの重要性が浮き彫りになった。重要なのは、それらが大災害にともなう一時的・部分的な現象ではないということ、人間（関係性）の豊かさの実現へと向かう社会的・時代的な流れの表出だということである。

産業の成熟、地球環境限界への逢着、人間（関係性）の豊かさへの欲求の増大は、相互扶助領域の発展と基幹化をもたらす。育児・教育・学習、保健・医療、介護・福祉、自然環境保護などの領域である。

地域社会は、相互扶助領域の発展と基幹化によってはじめて、資本（産業）のために個別家族が労働力を再生産する場としての地域社会から、人間（関係性）の豊かさを実現するための地域社会へと変わることができる。したがってまた、地域社会が社会の名に値する関係性を再建できるようになる。そしてそれは、地域社会が自律性を高め、自律的地域社会のネットワークへと社会を再編成する確かな土台となるものである。

人間（関係性）の豊かさへの欲求の増大に牽引された相互扶助領域の発展と基幹化は、社会に大きな変化をもたらさずにはおかない。

一つは、労働者の実生活の変化である。

相互扶助領域の発展と基幹化は、失業者にとっては、就労機会の大幅な増大を意味する。相互扶助領域の発展と基幹化は、産業領域で働く人々にとっては、労働時間の短縮要求を強める契機となる。

二つは、社会の価値観の変化である。

相互扶助の領域は、社会的貢献において対価を求めない世界である。「贈与」「利他」「奉仕」である。そうであることによって、関係性が豊かになり、心の豊かさはもとより、物質的生活の豊かさも確保される。それが「原則」の世界である。

「等価交換」原則は、この領域では軋轢を生みだすだけで、発展をもたらさない。利潤のために人間（関係性）を犠牲にする「資本主義」は、この領域と両立しない。だから資本主義は、長らくこの領域に踏み込んではこなかった。「投機マネー資本主義」は、わずかに残る相互扶助の領域をその「原則」もろとも荒廃させ、世の中を自己中心主義一色にする。

こうしたことから相互扶助領域の発展と基幹化は、ブルジョア社会の常識的価値観との葛藤、価値観の転換をもたらす。

③地域社会の自律的発展

東日本大震災・原発事故は、東京が東北の犠牲の上に肥大化してきた構造を暴露するとともに、被災地の地域社会を消滅の危機に陥れた。

政府は、寄生的な国際消費都市に変貌した東京の電力需要を賄うため、福島に対して、危険な原発を多数押しつけてきた。政府は東北全体を、東京のための食糧基地と位置付け純化させてきた。それは、東北におけるシャッター街化、限界集落化の進行と不可分一体の過程であった。東日本大震災と原発事故は、この現実を明るみに出した。それは、多くの人命を奪い、離郷・流出する人の流れを拡大した。そしてそれは、地域社会の消滅という現実に向き合うことを、人々に求めたのであった。

こうして東日本大震災と原発事故は、これまでの社会の在り方を変えていこうとする人々の意志を浮上させた。それは、広範に醸成されつつある人間（関係性）の豊かさへの欲求に支えられて、時代の意志となっていくに違いない。

寄生的な国際消費都市・東京とその犠牲となって地域社会消滅の危機に直面する東北という構造は、グローバル資本主義下の先進国の典型的な現実である。この構造の変革は可能であり、時代の趨勢になっていくだろう。

変革のカギは、人間（関係性）の豊かさへの人々の欲求に依拠すること、地産地消社会を目指すことである。

社会の構造を変えるような大きな人口移動は、強制によってはできない。人々の欲求が為さしめるのである。今日の先進諸国における寄生的な国際消費都市への人口の集中と地方社会の消滅の危機は、物質的豊かさへの欲求（権力欲などを含む）が創りだしてきた流れの帰結である。その流れを転換させるのは、人間（関係性）の豊かさへの欲求である。

実際、寄生的な国際消費都市ほど関係性が崩壊している場はない。地方は、地域社会そのものが消滅しようとしているが、巨大都市では、人の密集と反比例するように関係性が消滅している。一人ひとりにおける人間（関係性）の豊かさへの欲求の増大は、この落差をエネルギーへと転換させずにはおかない。

とはいえ人間（関係性）の豊かさへの欲求が人口の大移動を生みだすには、まずもって惹き寄せる側にこの欲求を実現する構想と魅力がなくてはならない。それは、住民自治と広域（含・グローバル）ネットワークであり、人間（関係性）を育てる環境（相互扶助領域－特に育児・教育・学習環境）を要に据えた地域社会づくりである。

そしてこのような地域社会を実現するには、地産地消型経済（職住接近）の構築が不可欠である。なぜなら地産地消型経済（職住接近）は、社会を成り立たせているすべての活動領域についての教育・学習を、生産・生活現場とリンクする・実際に役立つ仕方で実施し、しかもあらゆる世代に保障する条件だからである。またそれは、特定の産業・分業への人間の隷属（＝人間相互の支配・隷属関係）からの自己解放の道を一人一人に提供するからである。更にそれは、対象的自然および人間的自然を大切にする生産、消費、廃棄の在り方を促すからである。そしてそれは、地域社会の経済的自律性を高め、住民自治を確かなものにするからである。

地産地消は、一般に生存維持の基本である食糧確保の領域から広がる。最近では、自然エネルギーを利用した電気の分散型生産・消費の道もひらけてきている。製造業も、地域社会が事業主体となって、できるだけ地域の素材を原料に、地域の必要に応えるものへと転換させることが重要になる。農業も含めて、単品・大量生産から多品種・少量生産への転換が問われる。産業の成熟が、それを可能にするだろう。流れの変化が生まれ定着するまでは、人間（関係性）の豊かさを目標とする思想、構想、文化の牽引が重要である。

地産地消への転換は、寄生的な国際消費都市もまた問われずにはおかない。現に都市では、農業に関わる欲求が高まってきている。それは、巨大都市の人口が流出していく可能性を示すだけでなく、巨大都市が適度な地域社会へと分解し、地産地消経済へと向かい、自然環境を回復する希望でもある。

現代は、広域（含・グローバル）ネットワークの発達とそれを介した共同・協力の時代である。しかしそうであればこそ、自分たちでできることは自分たちでやるという精神で地産地消型の地域社会づくりを推進することが大切である。それが、グローバル資本主義と国際分業体系（＝重層的支配・隷属構造）を解体し、人間（関係性）の豊かさを真に（グローバルな規模で）実現する道だからである。

④対象的自然との共生

東日本大震災と原発事故は、対象的自然との関係の在り方を再考させる機会となった。

第一に、自然災害は発達した産業と自然科学の力でなくすことができるとする見地が、再考されるようになったことである。

もちろんこの再考を余儀なくさせたのは、まずもって大震災・放射能災害の巨大さであった。人々は、東日本大震災と原発事故によって、人間社会の産業と科学の力をもってしても対抗できない次元の違うエネルギー世界が存在することを思い知らされたのである。

しかしこうした経験は、歴史上繰り返しあったことである。にもかかわらず、産業と科学の発展による災害防止への信仰は、むしろ強まってきた。それは、社会（人々）が物質的豊かさを追い求めていた時代だったからに他ならない。社会（人々）の目的（欲求）の実現に沿わない見解は、孤立し押し潰されたのである。

だが今回は、転機になろうとしている。その背景に、社会（人々）が人間（人と人・人と自然の関係性）の豊かさへの欲求を増大させているという歴史的変化がある。対象的自然との豊かな関係を実現するという目標の統率下で、産業と科学の発展による災害防止策を妥当なものとすることが求められるようになったのである。

産業と科学の力への信仰は、資本の利益と結びついている。それゆえ、この信仰を再考しようとする流れへの資本の巻き返しは不可避であるだろう。しかし、中・長期的にこの流れを押し止めることはできない。

災害への最大の対処力は、昔から人々の連帯・協力にあった。このことは、人間（関係性）の豊かさへの欲求の増大という歴史的趨勢の中で、改めて見直されていくに違いない。

この視点から見た今回の災害対処における課題は、災害情報を集約・発信する人々と地域住民との直接的な連帯・協力の欠如であるだろう。今回情報を集約・発信した組織は、地域住民と直接的な横のネットワークで結ばれた地域住民のための組織ではなかった。この組織は、国家という社会の統治を目的とする官僚組織だった。この組織は、国家の目的と組織規律に従って情報発信を制御した。地域住民とのこの乖離が、犠牲者を増やすことになった。

第二に、物質的豊かさを追い求めてきたこれまでの生活の在り方が、再考されるようになったことである。

大災害によって万余の人命が失われ、放射能汚染によって生活の再建がままならない多くの人々が生みだされた。そのことは、人間にとって何が大切なのかを社会（人々）に考えさせる契機となったのである。

災害からの復旧・復興は、類的自己保存欲求の実現（生存の確保）、物資的豊かさの実現（産業の復興）という歴史過程を短期に辿る側面がある。その意味では、社会が産業発展時代である場合には、人間を再考する流れの浮上も一つのエピソードに終わり、開発競争の怒涛の渦中に巻き込まれて消滅してきたのだった。しかし今回はそうはならないだろう。

なぜなら社会全体が物質的豊かさの実現から、人間（関係性）の豊かさの実現へ移行し始めているからである。産業の成熟という条件下では、物質的豊かさの復興は短期に終わる。ゼネコンをはじめとした産業資本は、国家予算を食い尽したらさっさと撤退する。マネーゲーム資本主義の主役である投機マネーにとって、そもそも被災地は関心外のことである。そうした中で、地域社会における人間（関係性）の豊かさへの欲求の増大が、自己を貫徹していくのである。住民自治の発展・牽引、相互扶助領域の発展・基幹化、地産地消経済を土台とした地域社会の自律的発展、そして循環型・定常型社会による対象的自然との共生関係の深化へ。

第三に、原子核エネルギーの利用について再考され、脱原発の課題が政治的に大きく浮上したことである。

生命圏は、原子核エネルギーという次元の違うエネルギーの影響を大幅に遮断した温和な環境の下で形成・発展してきた。核兵器や原発は、このエネルギーの破壊力を人為的に持ち込み、生命圏・人間社会を崩壊の危険に晒すものであった。

核兵器は、戦争の為の武器である。通常兵器の場合は、破壊力を強める研究開発となるが、核兵器の場合は小型化が追求されてきた。それでも使用すれば無差別大量殺りくとならざるをえない。核戦争になれば人類社会全体が消滅する危険さえある。そのため広島・長崎後数十年、一度も使用できないできているのである。

とはいえ使用できない兵器ではない。核攻撃が一方的な場合には、大国さえ瞬時に消滅できる。だから超大国アメリカが他の諸大国を一定統制・支配する力の不可欠の源泉となっている。またから超大国アメリカと対立する国家にとっては、自前の核武装が死活的なのである。

このような核兵器は、それを管理する国家の在り方にも影響を及ぼさずにはおかない。その管理体制は、民衆から遊離し民衆と対立する点でも、さらには国家システムの他の部分と隔絶している点でも特別に高度な地位を形作る。その存在は、国家の敵対的性格を飛躍的に強める。

原発は核兵器開発の副産物であり、核武装へのステップでもある。

原発は一旦崩壊すれば、放射性物質の巨大排出装置となって人間が生活できない広大な大地・海域をこの地球上につくりだす。その放射性廃棄物は、子々孫々の時代になっても、危険性をほとんど減ずることがない。

原発は、巨大消費都市の電力消費をまかなう為に過疎地に立地され、都市の地方に対する支配をうち固めている。大量生産・大量消費・大量廃棄の経済生活の在り方を象徴し、うち固めている。それは、地産・地消・地廃の循環型地域経済への転換の阻害物となっている。

福島第一原発の崩壊は、脱原発に向かう社会意識の大きな流れをつくりだした。この流れを土台のところで促進しているのが、物質的豊かさへの欲求の後景化と人間（関係性）の豊かさへの欲求の増大である。産業と科学技術の前に人間がひれ伏してきた時代は終わったのである。これからは、人間（関係性）の豊かさを実現する目的にそって、産業と科学技術の在り方を制御する時代になっていく。生命圏外の破壊力を人為的に持ち込まないことは、その制御の内に含まれる。

⑤ブルジョア的所有の廃止

社会（人々）の物質的豊かさへの欲求に支えられ、産業（労働手段）の全盛時代を牽引したのが資本である。この資本はその歴史的役割を終えた。資本は今や、人間（関係性）の豊かさへの欲求が新たな社会を創造していく展開に対して、桎梏となって立ちはだかっている。「ブルジョア的所有の廃止」が課題とならずにはおかない。

「ブルジョア的所有の廃止」それ自身は、単なる法制の問題である。しかしそれは、ブルジョア国家を打倒し、国家を廃絶・死滅させる一大政治革命を必要とするものである。

この政治革命は、国家を廃絶・死滅させて完結する。なぜなら、ブルジョア的所有の多様な諸形態を廃止しても、ブルジョア的所有の一形態である国家所有が残るからである。国家所有は、国家が総体としてブルジョア階級となるにおいての一条件となるものである。その実例をソ連の経験に見ることができる。

国家の廃絶・死滅は、階級システムが不要となり、軍事・治安を含む全ての共同的機能を社会が国家から奪還することによって実現される。国家は、住民自治とその広域ネットワークに置き換わる。そうすることで、国家所有を廃止し、国家所有の事実的現存をも消滅させるのである。

⑥克服すべき傾向

新しい社会を創造する運動の途上で、克服すべき傾向がある。それは福祉国家路線、反資本主義の闘争一辺倒路線、資本主義の廃絶を目指さない社会再建路線である。

(i)福祉国家路線

福祉国家路線は資本主義に牽引された産業発展時代のものである。

資本主義に牽引された産業発展は、一方において物質的豊かさを増大させるとともに、他方で階級矛盾を拡大し、労働者の政治的包摂の必要を高めていった。そうした中で福祉国家路線が形成され、所得再分配のシステムが発達してきたのである。

特に耐久消費財産業の発展期になると、労働者の政治的包摂という点だけでなく、商品販売市場の拡大という点からも、福祉国家路線による大規模な所得再分配が推進された。

しかし今日、資本主義に牽引されて産業が発展した時代は終わった。それとともに福祉国家路線は、歴史的に過去のものになろうとしているのである。

まず福祉国家路線は、今日へゲモニーを強化する国際投機マネーの利益とは合致するところがない。国際投機マネーにとって、特定の資本（今日では産業資本といえどもマネーゲームの参加者）への補助となるような財政支出は、マネーゲームの公平性を妨げるものでしかない。また労働者をやとわない投機マネーにとって、労働者の政治的包摂は関心外のことだ。それに財政破綻がある。

ブルジョア階級の間での福祉国家路線の政治的基盤は、弱まらざるを得ない。

もちろん社会の崩壊は、ブルジョア階級による階級支配を危険に晒す。それはブルジョア階級の間で、労働者の政治的包摂を重視する傾向をつよめ、内部矛盾を先鋭化する。それはその限りで、福祉政策の再編・維持に与するということになる。後退をある程度押し止めるレベルに止まる。

支配階級のこうした動向とともに重要なのが、労働者民衆の欲求の変化である。

格差・貧困問題の深刻化は、投機マネーの肥大化という現実と合わせて、所得再配分への民衆の要求を強める。この要求は、従来的には国家による所得再配分という福祉国家路線となるが、今日では単純にそういう方向にはいかない。東日本大震災の被災地支援でも見られたように、国家を媒介しない民衆同士の直接的な支援が時代的趨勢として広がってきているのである。それは、情報ネットワークの発達、社会的な物質的豊かさ、そして何よりも人間（関係性）の豊かさへの人々の欲求が高まっていることによる。

国家を媒介する必要が消滅していく趨勢にあるし、国家への不信も強まっている。もちろん、現実の格差・貧困などの社会的諸問題を解決する際、国家の責任を問わないでよいということではない。民衆の必要に立脚して現実的に対処しなければならない。しかし「福祉国家」は社会（人々）の目標（欲求）として現実的でなくなってきていることも、現実なのである。今日戦略的に目指すべきは国家を媒介とした福祉ではなく、民衆の直接的双方向的なネットワークの中での福祉である。また福祉国家路線が社会（人々）の目標として色褪せてきているのには、もう一つ重要な原因がある。

この路線は、底無しの失業の淵に沈みつつある人々が、仕事をもって社会に貢献することで生きていきたいと欲求していることに対して、正面から応えていないのである。この路線は、就労を保障し得なくなった資本主義社会に対して、これを「福祉国家」の肥大化で支えようとするスタンスに、客観的に陥ってしまっているのである。要するに、人間をダメにする路線であり、希望を持てない路線だということである。

(ii) 闘争一辺倒路線

反資本主義の闘争一辺倒路線も、資本主義に牽引された産業発展時代のものである。

資本主義が産業の発展を牽引し、雇用が傾向的に増大していた時代には、闘争一辺倒でも闘えた。

しかし産業発展時代が終わり、失業・半失業人口が傾向的に増大し、就労が不安定になると、闘争一辺倒では闘争も続けられなくなる。人々は、生存のための事業を組織しながら闘争する在り方へ転換していく。この転換は、絶対的過剰人口において端的である。

また闘争一辺倒路線は、社会の崩壊の中から澎湃と生まれつつある新たな社会を創造する動きと結合する意識性を欠いている。それは単なる国家樹立のための路線であって、国家を廃絶・死滅させる実践的契機を内包せず、国家の廃絶・死滅の実現を樹立される国家の「善意」に委ねる路線である。

このような闘争一辺倒路線は、今日の人々の支持は得られない。すなわちそれは現実を変革する力に転化することのない路線である。

(iii)資本主義の廃絶を目指さない社会再建路線

資本主義の廃絶を目指さない社会再建路線は、限界がある。

社会の崩壊と国家の機能不全が進行する中で、人間（関係性）の豊かさの実現をめざす新たな社会の創造は、人々の欲求の赴くところである。しかし、それを資本主義およびその基盤である市場経済を維持する仕方で目指そうという傾向がある。この傾向は、多様なバリエーションを含みつつ、その影響を拡大している。

この傾向の誤りは、社会の再建を牽引する・人間（関係性）の豊かさへの欲求が、資本主義と本質的に両立せず、資本主義の廃絶を求めずにいないことに無自覚だという点にある。この傾向は、人々の観念を曖昧にすることで、資本主義を廃絶する方向と闘争から人々を遠ざける。とはいえ、多様なバリエーションの混在するこの潮流の台頭は、時代の転換のさきがけであるだろう。転換初期の混沌の中で、打開の道を鮮明にし切り拓いていかねばならない。

〔3〕政治革命への道

社会の再建・新しい社会の創造は、資本主義および市場経済との矛盾拡大の一歩々々であり、最終的にブルジョア国家を打倒せずには全面展開を実現できないものである。したがって、政治革命が、目的意識的に準備されねばならない。

ここでは、現時点で明確にしておくべき政治問題を論じておくことにする。革命の推進主体、第三極政治勢力の形成、アメリカ帝国システムの解体などの諸問題である。

①革命の推進主体

(i)革命主体の揺籃期

革命の推進主体はどのように形成されてきているのか？

革命の推進主体の形成は、資本主義に牽引された機械制大工業の発展の中で、それに伴う賃金労働者階級の増大として始まった。

すなわち資本（労働手段の私的所有）の拡大再生産の対極に、自己の労働力を販売し資本家の為に働くことを余儀なくされた労働者が増大する。この労働者は、資本の指揮命令の下で労働手段の付属物として働くことを余儀なくされつつも、労働手段の私的所有を廃止することによって労働手段への人間の隷属を終わらせる役割を潜在させた主体であった。

ただし、当時はまだ労働者のそうした「役割」は「潜在」した状態にあった。なぜならば当時は、資本主義が産業を発展させ物質的豊かさを実現するその歴史的役割をまだ果たしていた時代であり、地球環境限界に逢着しておらず、資本が人々の物質的豊かさへの欲求を繰り返し包摂しつつ労働に対する支配を拡大再生産することのできた時代だったからである。

この時代の労働者は、資本主義という階級システムの内に位置づけられる・その意味で階級の名に値する階級であった。労働者階級は、資本主義の下での機械制大工業の発展（世界市場の発達・他民族抑圧を伴う）とともに、その数と結束と反抗を増大させていく。そして、互いに競争させられている労働者の集合から団結した一大勢力へと自己の在り方を変革していった。「階級」として社会的に登場し、政治的に進出したのである。

当時は、労働者の「階級」としての社会的・政治的形成が最重要課題だった。それだけが資本の支配と搾取の下で自己の生活を守り、革命運動の発展を保障したからである。労働者階級は、大規模に没落してその隊列に加わる小商品生産者の分散的傾向を克服し、中央集権と分業の徹底で特徴づけられる仕方において組織された。労働者階級は、資本家階級の増大する支配の下で、労働者上層の買収による団結破壊と厳しく対決することで自己を保持することが求められた。内部の日和見主義との闘争が階級の隊列を保持する上で大きな位置を占めた。

(ii) 革命主体の展開期

しかし世界史的な大転換が始まった。人間の時代の三つの契機が産出され、資本主義がその歴史的役割を終えて没落しだしたのである。労働手段の私的所有を廃止することによって労働手段への人間の隷属を終わらせる労働者の役割が顕在化しようとしている。その中で労働者は、資本主義制度という階級システムの内に位置づけられる・その意味で「階級」の名に値する存在から、階級であって階級でない存在へ、階級のない社会システムを組織する存在へと移行しだしているのである。

たしかにいまだ圧倒的な数の労働者は、資本の指揮命令下で労働する賃金労働者である。膨張する相対的過剰人口層もその範疇に含まれる。しかし既に賃金労働者の階級の中から、資本主義にとって絶対的に過剰な人口部分が排出され、一つの層を成し始めている。更にまた、生存の必要に迫られて、非営利・協同的システムによって事業を組織する労働者も生まれてきている。今日の労働者は、このようにして新しい社会の組織者となり、階級としての自己を止揚し始めているのである。

労働者のこうした変化・移行過程は、労働者が社会の再建に深く関わる過程にほかならない。しかしそれは、労働者階級の従来の階級的団結を分散化させ、その再構築を迫る過程でもある。労働者は、ブルジョア階級と対決する政治の領域においては、一つの階級として登場することが問われるのである。

ⅲ革命主体に関する理論的混迷

今日、労働者階級のこの変容を前にして、理論的混迷がみられる。

まず労働者階級の「階級」としての側面だけを見て、「階級でなくなる」側面を捨象する傾向がある。すなわち労働者階級のこの変容に無自覚な傾向、この変容から目をそむける傾向、この変容を旧来の階級観念の内にむりやり押し込めて自己を納得させる傾向などである。

労働者階級は、絶対的過剰人口や、資本主義と異なるシステムの創造に踏み込む人々を輩出しだしている。労働者階級の運動の政治的重心が、労働者階級の就労層（特にその基幹的部分）の課題と闘争から、相対的過剰人口（非正規労働者）や絶対的過剰人口の課題と闘争へと移動している。それとともに、新たな社会の創出に向かう流れが、政治的に浮上してきているのである。

労働者階級の「階級」としての側面だけを見て、「階級でなくなる」側面を捨象する傾向は、労働者自己解放の運動のこうした広がりと変化を切り捨てるなり軽視するなりして、それを干からびさせているのである。

他方で、「階級でなくなる」の側面に幻惑され、「階級」の側面を軽視ないし無視する傾向がある。この傾向の一典型は、アントニオ・ネグリとマイケル・ハートの『マルチチュード』論（ＮＨＫブックス、日本放送協会）である。彼らは「マルチチュード」について、「資本の支配の下で働くすべての人々」および「ネットワーク」でつながる「多数多様性」の集合、と二つの定義を並列する。その問題点は以下である。

二つの定義のいずれをも満たすのが「マルチチュード」だというわけでもないようなのだ。かといって二つの定義のいずれかを満たすのが「マルチチュード」だと言っているわけでもない。まさに、この曖昧性、定義の拡張、脈絡のない二つの定義の羅列が特徴なのである。それは、階級であって階級でないという変化・移行過程にある今日の労働者の在り様が彼らの脳髄にもたらした混迷なのである。

そして彼らの主張のポイントは、「マルチチュード」というネーミングに端的なように、「階級でない」側面を捉えんとした（その意図が全く成功していない）後半部の定義にある。この定義は、労働者階級の本質的な在り様と切り離した形で新たな変化を現象論的に語る誤りに陥っている。これは実践的には、労働者の「階級」としての団結と共同を軽視する誤りをもたらさずにはおかない。

しかも後半部の定義は、労働者の現在的あり様を現象論的に語っているだけで、高次の欲求を推力に未来社会を切り拓く主体としての側面を欠落させている。これは実践的には、マルチチュードの運動の目標を、「ネットワーク」でつながる「多数多様」な人々の「民主主義」に止めてしまう形で現れる。

更には、たたかう者が革命主体だと主張する傾向がある。

かつて革命主体は、唯一労働者階級だとされていた。それは、資本主義の下での機械制大工業の発展が、労働者階級の数と結束と反抗を増大させ、ブルジョア階級と対立する他の一切の階層を没落させるという歴史的傾向に立脚していた。しかし今日、資本主義の歴史的役割が終焉し、労働者階級自身が変容し始める世界史的大転換期に入る中で、革命主体を理論的に把握できない思想状況が広がっている。この思想状況の上に、たたかう者が革命主体だと開き直る傾向が生じているのである。

この場合の問題は、時代の変化をトータルに捉える事ができないまま、それを棚に上げて「批判」と「闘争」を持ち上げているところにある。これは往々にして、実践における主観主義の誤りへと帰結するのである。

②第三極政治勢力の形成

人間（関係性）の豊かさの実現を目的とする新時代を開くには、ブルジョア国家を打倒・廃絶しなければならない。そのためには労働者民衆が、まず自己を自律的政治勢力として登場させる必要がある。それは、新時代への闘いにおける最初の試練となる。

(i)新時代への闘い

資本主義の下で人間の時代への三つの契機が産出された。資本主義が歴史的役割を終え、没落過程に入った。社会が崩壊し、国家が機能不全に陥った。そうした中で、諸階級・諸階層がそれぞれの戦列を再編成し、自己のこれからを決する闘いに備えようとしている。

まず資本の自己増殖の危機と政治支配の危機に挟撃された支配階級が、危機回避の方向をめぐって二つの路線に割れて行く。

最初に登場した「第一極」路線は、資本の自己増殖を優先する路線であった。

この路線は、労働を搾取して剰余生産物（剰余価値）を手にする仕方での資本の自己増殖が行き詰まったことから、マネーゲーム（賭博）によって既存の価値を奪い合う仕方での「自己増殖」への道を全面的に開こうとするものである。すなわちそれは、国際投機マネーの利益を推進し、新自由主義・市場原理主義（マネーゲームの自由）を旗印に掲げ、社会の崩壊を顧みない路線である。そして監視、分断、弾圧をもって不測の事態に備えればよいという路線である。

資本にとって自己増殖の危機は、自己の存立の危機に他ならない。マネーゲーム資本主義によって社会の崩壊（格差・貧困の拡大など）が進もうと、それを顧みてはいられないのである。とはいえこの路線は、社会の崩壊を促進する。政治支配を危機に陥れる。

このため「第二極」路線が、支配階級の間において対抗的に登場する。

この路線は、労働者民衆を包摂し、社会の崩壊をくい止め、支配秩序を維持しようとする路線である。その意味ではこの路線は、労働者民衆の間に高まる人間（関係性）の豊かさへの欲求も包摂しようとする。他方でこの路線は、新自由主義・市場原理主義という資本の自己増殖欲求に応える今日的方向を否定はしない。マッチ・ポンプ路線である。広範な産業資本がこの旗の背後に在る。

この路線対立は、資本の自己増殖運動の維持と政治支配の維持とを両立することができなくなったことから生じたものであり、支配階級が体制末期の内部抗争を始めた証に他ならない。これは、産業発展時代の支配階級の内部矛盾とは本質的に異なる深刻な性格を有しているのである。

こうした中で問われているのが、社会の崩壊によって生存の危機の淵に投げ込まれた労働者民衆の態度である。

(ⅱ) 労働者民衆の路線

労働者民衆の路線は「第三極」路線となる。それは次のような内容が含まれるだろう。

＊投機マネー資本主義および経済成長主義から転換し、人間（関係性）の豊かさを実現する社会を創る。

＊住民自治を発展させ、相互扶助領域を基幹に据えた地産地消・循環型の地域社会からなるネットワーク社会を創出する。それによって中央と地方、中心国と周辺国という支配・隷属関係を自律的地域社会の協同関係に置き換える。

＊利潤目的でない・協同労働関係による働き方を発展させる。労働時間を大幅に短縮し、すべての世代に開かれた高度の職業訓練システムを地域社会に確立して、人々を就労と失業に分割し特定の産業・分業に隷属させる社会構造を解体する。

＊自国の国家（国境）の歴史を総括し、内外の民衆同士の信頼と友好を発展させ、国家（国境）の廃絶・死滅へ道を開く。

「第三極」路線は、産業の成熟、地球環境限界への逢着、人間（関係性）の豊かさへの欲求の増大に基盤を置く路線である。この路線は、歴史的役割を終えて末期的内部抗争の淵に沈む旧体制を打ち砕いて自己を貫徹するだろう。そこでは、国家と資本によって社会の片隅に押し込められ侮られてきた人々が政治の前面に進出し、大きな役割を果たすに違いない。

ⅲ「第三極」形成の条件

今われわれは、資本主義体制末期の政治的混沌を目の当たりにしている。この政治的混沌を読み解くカギ、この政治的混沌の中で方向を誤らぬための指針、これが路線を基準にする態度である。政党なり政治勢力を基準に見るのではない。

支配階級内部の路線対立は、二大政党の対立構造として単純に現れない。大連立やそれぞれの政党の内部矛盾としても現れる。体制末期に特有の無政府化と分裂・分散の中に現れもする。政党・政治勢力の在り様がどのようであろうと、重要なのは体制末期の路線対立が事態を規定している主役だということである。

ともあれ支配階級は、内部抗争を深めながら、体制末期情勢に対応した闘争陣形作りに既に着手している。これに対して今や労働者民衆の側が「第三極」の路線を立て、政治勢力を形成していかねばならない局面に入っているのである。〇八年世界金融恐慌後の情勢が、それを促している。

「第三極」の路線と政治勢力の形成は、戦略的・長期的観点からすると大きな困難を有しない。そこは、支配階級の場合と逆である。

なぜなら第三極の路線と政治勢力の形成は、人間の時代への三つの契機の拡大、それを背景とした階級闘争および新しい社会づくりを根拠とするからである。時代の趨勢が、この路線と政治勢力を押し上げ、形を成さしめるのである。

したがってそこでのポイントは、労働者民衆のできるだけ全体を包括する政治勢力を作り上げることに在る。同一性が低くてもよい。ゆるいネットワークで十分である。そこから出発しても強大な政治勢力へと発展するということである。

その意味では「路線」から出発する必要はない。必要なことは、時代が変わったことの自覚、人間（関係性）の豊かさを実現する時代に入ったことの自覚、そのために労働者民衆全体を包括するような政治勢力の形成が必要だということの自覚である。それぞれがこの自覚に基づく連帯と協同を前面に立て、自己のこだわりを一歩だけ後景化させれば「第三極」政治勢力の形成は動き出すのである。

労働者民衆が自律的政治勢力として登場することは、政治革命を射程に収めるということに他ならない。

③アメリカ帝国システム解体の課題

(i)新時代への最大の障害

アメリカ帝国システム（超大国アメリカと国際反革命同盟体制）は、人間（関係性）の豊かさを実現する革命の前に立ちはだかる最大の障害である。アメリカ以外の諸国においても、自国の国家が揺らげば、それが前面に登場する。

そもそも人間（関係性）の豊かさの実現は、グローバルな主体によるグローバルな事業である。主体がグローバルなのは、労働者民衆が住民自治と新たな地域社会の創造を基盤に、国境を超えて発展するネットワークで政治勢力を形成するからである。事業がグローバルなのは、それがグローバル資本主義とその下で拡大する支配・隷属関係の総体の廃絶へと至らずにはいない事業だからである。

こうしたことから人間（関係性）の豊かさの実現は、アメリカ帝国システムを解体する課題を含むのである。

(ii)「反米愛国」政治の誤り

アメリカ帝国システムと対決する際、「反米愛国」政治で対決する態度の問題がある。先進諸国においては、この政治は誤りであり、反動的でさえある。

その理由は、次の二点において言える。

一つは、資本主義の見地からである。

先進諸国の資本は、かつて愛国主義政治をテコに国内統一市場を形成した。そうした政治の継続として、対外的な勢力圏の拡張と世界市場再分割戦争を展開した。しかし今日、そうした政治を副次的要素へと再編している。

今日では先進諸国の資本は、本国市場を含むかつての勢力圏に相互浸透し、多国籍展開する時代に、さらにはグローバルなマネーゲームを展開する時代へと入っている。それを保証してきた・現に保証している政治的条件がアメリカ帝国システムなわけである。そこにおいて反米愛国政治は、世界市場の統一性を破壊し、資本主義を世界市場再分割戦争の時代へと後退させる意味を持つ。このため今日では、資本家階級は反米愛国政治を支持しないのである。

もう一つは、人間の時代を開く見地からである。

われわれは、資本（労働手段）の時代が終わり、人間の時代を開こうとしている。人間（関係性）の豊かさを実現する革命の時代である。この革命は、国境・国籍を超えた民衆同士の関係の豊かさを実現するものである。

反米愛国は、この革命を阻害する。アメリカ帝国システムに反対しながら、自国の国家・国境と覇権を打ち固めるからである。国境・国籍を超えた人間（関係性）の豊かさの実現を阻害し、関係性を破壊し続けているシステムを強化する政治だからである。反米愛国は、労働者民衆の高次の欲求を抑圧し、目的意識を曇らせ、民衆同士の国際連帯を損なわずにはおかないのである。

(iii) 自主権の尊重

先進諸国地域において、資本主義はその歴史的役割を終えた。資本主義は、そのことによって、グローバル化圧力を増大させている。産業革命の波が、「周辺」に向かって急速に広がりだしているのである。

この産業革命の波は、あるいは民主化を引き起こし、あるいは民主化に先導される。アメリカ帝国システムは、その背後で画策もするが、表立って画策もする。この場合には、進歩的装いもってその覇権拡張的本質を覆い隠すことが可能である。だがそれは、アメリカのあわれな副次的な側面でしかない。

アメリカ帝国システムは今日、世界史的な意味で、人間の時代への移行の前に立ちはだかる存在となっているのである。

アメリカ帝国システムの解体は、先進諸国をはじめとした相当程度の国家・国境の廃絶と一体であるだろう。しかしそれは、強制する性格のものではありえない。とくに発展途上諸国や被抑圧諸民族に対してはそうである。強制は、人間（関係性）の豊かさの実現という目的に反するからである。それに産業発展・物質的豊かさの実現が中心課題である諸国・諸民族においては、国家と資本主義がその役割を果たす余地は残っている。発展途上諸国や被抑圧諸民族の自主権・自決権は尊重されねばならない。

［4］人類史の大転換

かつて人類は、採集・狩猟で生活していた。その時代には、自己の運命（生死）は、自然の恵みの寡多に左右された。対象的自然を自己の為に変革する能力（労働手段）は、まだきわめて弱かった。

次いで人類は、労働手段がその生活を左右する時代を切り拓いた。対象的自然の変動よりも、生産力（労働手段）の発展と生産関係の矛盾の展開を基底とした社会変動の方が重要になる。農業・牧畜、工業などの産業が勃興した階級社会の時代である。

そしていま人類は、人間（関係性）の豊かさを実現する時代を開こうとしている。その達成は、もはや生産力（労働手段）の発展という人間にとって外在的な力の変動が引き起こすものではない。人間（関係性）の豊かさの実現という人間自身に関する欲求が引き起こすのである。重層的な社会的差別はなくなり、国家・国境は廃絶され、住民自治・自律的地域社会を構成単位とするネットワーク社会が姿を現す。対象的自然との間で人類は、かつてのようにそれに支配されることも・それを支配しようとすることもない、共生関係を発展させていく。人類社会に占める対象的自然との間の物質代謝活動（産業・労働手段）の比重が小さくなっていく。文化的発展の空間が広がる。

それは人類が、対象的自然および労働手段との関係で真に能動的に自己の歴史を創造していく第一歩である。それは人類が、人類として真に共同して歴史を創造していく第一歩でもある。そうした意味でわれわれは、真の人類史の扉を開こうとしているのである。

あとがき

◉原稿が手元から離れてわずか三カ月の間に、日本の情勢が大きく動き出した。「反原発」の広がりの中で、日本（「本土」）においては久しく姿を消していた大規模な民衆デモのうねりが起こったのである。また消費増税や原発再稼働に対する人々の反発が、政界混沌化の止まらぬ流れを引き起こしている。欠陥機オスプレイを沖縄に押しつける動きが現実化する中で、アメリカと日本政府に対する沖縄人の怒りが頂点に達しようとしている。

労働者民衆が主役として登場し始めたのだ。ただしそれは、かつての運動の再現ではない。二〇世紀最後の三〇年間の過渡を経て、社会が変わり、人々の欲求や意識も大きく変化した。運動の中心的担い手が、まる一世代若くなっている。運動は、重層性を持ちつつも、新たな地平の上に立って、新しい出発として動き出したのである。

それは、少なくとも次の三つの側面、三つの意義をもっているように思われる。

一つは、労働者民衆の新たな政治勢力（「第三極」）の形成を促さずにはおかないということである。労働者民衆は、支配階級のあれこれの旗に期待を寄せて流動した時代（「劇場型政治」）に終止符を打つだろう。

二つは、現代の巨大都市の中において、個に解体されて生きる人々が、集う場を創り出しながら発展させる運動を始めたことである。職場単位の団結を基礎とした運動が相対的に後景化し、非正規労働者や子育て世代などの個々的参加の集合としての運動が前面化してきた。

三つは、これからの社会の在り方についての問題意識を強烈に持った運動になっていることである。それは、新たな地域社会の創造に結実し、そこに力を蓄えていく運動となるに違いない。被災地とのつながりがますます重要になるだろう。
●現代は、アメリカ帝国システムと国家・国境を廃絶し、人間（関係性）の豊かさを実現する時代である。とうぜん支配階級は、時代の趨勢が民衆の自覚となることを押し止め、自己の体制を固守しようとする。
日本でも支配階級は、「日本」という狭い政治・思想的枠組みの内に民衆を閉じ込めておこうとし、「領土問題」をさかんに利用するようになった。これに取り込まれた人々は、日清戦争の最中にかすめ取った尖閣だとか、日露戦争の最中にかすめ取った竹島だとか、ロシアとともに分割・再分割を繰り返してきた北方少数民族の生活圏の島々だとかの「領有権」に固執して、近隣の人々との関係を台無しにし、自己（関係性）を貧しくしている。政治・思想がせせこましいと、人間もせせこましくなるものである。

「領土問題」に限らない。問われているのは、縄張り根性・ブルジョア的所有意識から自己を解放することである。そうすることで、自己（関係性）の豊かな発展を実現し、真の人類史を開く革命の発信地へとこの日本を変革することである。

日本は、世界に先駆けて革命の発信地となる条件に恵まれている。第一に、人間の時代への三つの契機が成熟している国の一つであり、しかも先進資本主義地域の「辺境」に位置している。第二に、いまだアメリカの一定の支配・統制下に置かれたままであり、しかも近隣諸国に対する侵略・植民地支配の歴史を清算し切っていないため、国家が政治的に脆弱である。第三に、日本人が自己（関係性）を建て直し、誇りを取り戻すには、このような国家を廃絶し、革命の発信地へと日本を変革する必要がある。

これらの条件は使命を育む。使命の自覚は、変革への大きな力を生みださずにはおかない。

◉とはいえ、日本の労働者民衆の運動は、混迷と分散の時代を最後的に打破した訳ではない。混迷と分散の時代を最後的に打破するには、次のことが必要である。

まずもって必要なのは、労働者民衆が政治・思想的に自己の足で立つことである。本書は、この領域に資するためのものである。一つの闘争課題での大きな高揚の背後で、混迷と分散の病が存続していることを見落としてはならない。

次いで必要なのは、労働者民衆が自己の政治勢力（「第三極」）を獲得することである。混迷と分散の打破は、労働者民衆の政治勢力の創出に結実されねばならない。

そして必要なのは、労働者民衆が、その変革力を大衆闘争として発現することである。新たな闘いの火ぶたが切って落とされることで、混迷と分散の一時代は最後的に終わる。

混迷と分散の時代は、すでに四十余年に及んでいる。混迷と分散は、当初は主として路線的誤りに、結局は主として世界史的な地殻変動を捉えることの困難性に規定されてきた。その意味では四十余年は、長い歳月であるが、避けられない歳月であったとも言える。今、混迷の時代を打破する見通しが開けてきた。すでに新たな時代への闘いが始まりかけている。戦略的な議論と大きな協力の形成が必要な時である。

「勝兵は、先ず勝ちて而る後に戦いを求め、敗兵は先ず戦いて而る後に勝ちを求む」（孫子）

この歴史的瞬間において、肝に銘ずべき言葉であるだろう。

二〇一二年八月一日

【著者略歴】
松平直彦（まつだいら・なおひこ）
1947 年東京生まれ。早稲田大学政経学部中退。
1967 年 11・12 羽田闘争、1968 年 3・10 三里塚闘争で被逮捕。1968 年 10・21 国際反戦闘争で被逮捕・裁判。1969 年大菩薩事件で被逮捕・裁判－1972 年保釈。1973 年暴力手配師追放釜ヶ崎共闘会議の運動に参加。1975 年釜ヶ崎の仕事よこせ闘争で被逮捕・裁判。
1980 年大菩薩事件等で下獄－1984 年出所。
現在、労働者共産党（日本共産党〈マルクス・レーニン主義〉と共産主義者同盟赫旗派が 1999 年に統合・結成）に所属。「これからの社会を考える懇談会」の会員。

資本主義終焉の実相―新時代への展望―

2012 年 8 月 31 日　　初版第 1 刷発行

著　者　　松平直彦
発行者　　高井　隆
発行所　　同時代社
〒 101-0065　東京都千代田区西神田 2-7-6
電話　03(3261)3149　FAX　03(3261)3237
装幀・組版　閏月社
印　刷　　モリモト印刷株式会社

ISBN978-4-88683-729-5